대자연의 법을 기록하다

Prologue 프롤로그

대자연의 법을 배우고, 인간의 길 위에 남긴다

내 인생의 주인은 나.
나는 내 삶을 어떻게 이끌어가야 할까?
내 앞에 닥친 힘든 일들을 어떻게 풀어가야 할까?

삶은 우리에게 끝없는 질문을 던집니다.
'괜찮아'라는 의미 없는 위로를 넘어, 근원적인 갈증을 해소해 줄 참된 지혜와 어둠을 밝혀 줄 선지식을 우리는 간절히 찾게 됩니다. 그 간절한 여정에 대한 하늘의 응답으로 천공스승은 "천지 아래 무엇이든 물어라." 하시며 세상에 정법의 문을 열었습니다.

정법강의는 우리가 발 딛고 선 대자연의 법, 곧 '삶의 근본 질서'를 밝힌 인류의 지적 유산이며, 종교나 학문을 넘어, 인간이 어떻게 살아야 하는가를 '원리'로써 해명합니다.

우리는 이 말씀을 단순히 듣는 데 그치지 않고, 배우고 깨달은 바를 공부자로서 기록으로 남기고자 합니다.

『정법도록』은 그 여정의 기록입니다. 첫 권인 『대자연의 법을 기록하다』에는 1강부터 31강까지, 평범한 이웃들이 삶 속에서 풀지 못했던 순수한 물음들과 그에 대한 스승의 명쾌한 화답이 담겨 있습니다. 어려운 학문적 용어가 아닌 단순하고 명료한 언어 속에 오히려 삶의 진리가 깊이 스며 있음을 발견하게 될 것입니다.

정법은 멀리 있는 진리가 아닙니다.
지금 이 순간, 나의 마음을 바르게 세우고 삶의 방향을 법 위에 둘 때, 그 문은 비로소 열립니다. 이 책이 그 문 앞에서 방향을 찾는 모든 이에게 각자의 삶을 지혜롭게 이끌어 가는 진정한 주인으로 우뚝 서시기를 기원합니다.

2025년 11월,

정법 사회 연구원 *정윤희 · 길민정 · 조성우*

Contents 차례

Prologue • 2

001 정초에 해맞이를 어떻게 해야 합니까?

해맞이는 개인의 소망을 비는 자리가 아니라, 더 큰 목적을 위한 자리다. 내 가정의 번영은 집에서 빌어도 충분하다. 겸손한 사람일수록 내면이 성숙한 사람이다. 겸손이 곧 수행의 척도이다.

002 양심의 가책을 느낍니다

죄책감에 머물지 말고, 실력으로 세상을 바로 잡아라.

003 불의를 보면 참지 못합니다

상대를 깨우쳐 주는 것보다 더 큰 행은 없다.

004 잘못된 사과 Wrong Apology

진정한 사과는 계산이 아니라 깨달음에서 비롯된다.

005 용서 Forgiveness

사람이 사람을 용서할 수 없다. 상대를 잘못한 사람으로 만들지 마라. 대자연은 너에게 용서할 자격을 주지 않았다.

006 저는 왜 인복이 지지리도 없을까요?

상대가 내 앞에 오는 것은 나의 모순을 일깨워주기 위함이다.

007 깨달음 1, 여여하게 살고 싶다

나의 못남을 알아차리고 인정하는 것이 깨달음이고, 공부의 시작이다.

008 2012년 12월 21일 지구종말

지금은 인본 시대, 하늘에 빌고 땅에 빌던 시대는 갔다.

009 깨달음 2, 나는 누구이며 무엇을 해야 하는가?

지식을 갖추었다면 스승을 찾아야만 한다.
스승을 만나지 못하면 지혜를 열지 못한다.

010 깨달음 3, 젊은이들도 깨달을 수 있나요?

하느님을 믿지 말고 알아야 한다.
신을 제대로 알면 빌고 매달리는 신봉자가 되지 않는다.

011 깨달음 4, 여여하게 인생을 마칠 수 있을까요?

내가 지은 죄업은 누군가에게 아무리 빌어도 사라지지 않는다.
남을 위한 덕을 행했을 때만이 소멸된다.

012 화가 아예 나지 않으려면 어떻게 해야 합니까?

생각의 질이 낮고 실력이 부족한 사람일수록 화를 자주 낸다.

013 봉사활동 1, 아들이 취업은 하지 않고 봉사활동만 합니다

봉사는 나의 성장을 위한 현장공부이지 남을 도와주러 가는 것이 아니다.

014 봉사활동 2, 아이가 자꾸 눈에 밟히고 선합니다

어려운 자는 절대 남을 도울 수 없다. 남을 돕는 것은 공부 비용을 지불하는 것이다. 남을 돕는다는 자만심을 갖지 마라.

015 상대에게 다가가기

묻지 않은 자에게 답을 주지 말고, 도와달라 하지 않는 자에게 도움을 주려 하지 마라. 아무리 좋은 의도라도 괜한 간섭이 되어 분란이 된다.

016 전생과 수행

지식은 개인의 것이 아니라 인류의 자산이므로 세상을 위해 써야 비로소 선지식이다.

017 검사와 도둑

검사와 도둑의 기운은 같다.

018 국익에 반하는 프로젝트에 참여해야 하나요?

나라를 걱정하는 사람이 나라의 주인이다. 인류를 걱정하는 사람이 인류의 주인이다. 불평불만하는 사람은 주인이 될 자격이 없다.

019 자식 1, 아이를 유산시킨 후 참회하고 싶은데

잘못을 깨우쳐 진심으로 흘리는 눈물은 뭉쳐있던 탁한 기운을 녹여, 몸을 정화시키고 병을 낫게 한다.

020 자식 2, 자식이 없는 이유

이 세상에 온 것은 내가 해야 할 일을 하기 위해 온 것이지 자식을 낳기 위해 온 것이 아니다.

021 나만 바라보고 있어요

사기 치는 사람보다 사기당한 사람이 더 아프다. 누가 환자인가?

022 어제 정보로 오늘 사람들 대하지 말라

어제의 정보로 오늘 그 사람을 대하지 마라. 어제 당신이 보고 들었던 것을 답으로 고착시키지 말고, 오늘 상대를 만났으면 오늘의 말을 들어라.

023 공적인 삶 1, 자존심

공인은 직업이 없다. 삶 그 자체로 사회를 위해 존재한다.

024 공적인 삶 2, 봉사

대자연은 무슨 일이든 예고 없이 주지 않는다.
점점 가까이 어떤 일이 보이고 들린다면, 그것은 나에게 다가올 일을 미리 알리는 대자연의 경고임을 알아차려라.

025 공적인 삶 3, 어려움

진정한 도움은 바른길을 가도록 이끌어 주는 것이다.

026 물질봉사와 재능봉사

세상에서 일어나는 모든 일에는 원인이 존재한다.
어떤 일이든 바르게 정리하려면 원인부터 찾아야 한다.

027 청년취업

직장은 먹고살고자 가는 곳이 아니라 성장하기 위해 가는 사회 학교이다.

028 기도하면 잘못을 용서받을 수 있나요?

평소에 내가 하는 말이 곧 축원이다.

029 남을 도와주고 싶은데
어려운 자는 절대 남을 도울 수 없다.

030 이 시대 아버지상과 여성 1
사회생활을 하며 막힘이 있을 때, 지혜로운 대화로 그 막힘을 풀어줄 수 있어야 한다. 이것이 내조다.

031 이 시대 아버지상과 여성 2
여성은 양적인 일을 하는 게 아니라 지적인 일을 할 때 아름답다. 이를 여성 상위라 한다.

Epilogue • 198

# 001

정초에 해맞이를
어떻게 해야 합니까?

Q

정초에 해맞이를 하러 갈 때, 어떤 자세와 마음가짐을 가져야 하는지 궁금합니다.

해맞이는 개인의 소망을 비는 자리가 아니라,
더 큰 목적을 위한 자리이다.
내 가정의 번영은 집에서 빌어도 충분하다.

• Key Point

해맞이는 개인의 소망을 비는 자리가 아니라, 더 큰 목적을 위한 자리이다. 새해의 해를 바라보는 일은 단순한 기복 의식이 아니라, 나라와 인류를 위한 마음을 세우는 수행의 시작이다. 가정의 번영과 평안은 멀리 가지 않아도 집에서의 감사와 정화된 마음으로 충분히 이룰 수 있다. 겸손한 사람일수록 내면이 깊어지고, 그 겸손이 곧 수행의 깊이를 가늠하는 척도가 된다. 수행자는 언제나 밑에서 위를 향해 바라보며, 그 겸손한 마음으로 세상을 향한 큰 뜻을 품을 때 비로소 진정한 해맞이와 수행의 길이 열린다.

• In Short

해맞이의 진짜 의미

정초에 해맞이를 하러 산이나 바다로 가는 것은 단순히 소원을 비는 행위가 되어서는 안 된다. 해맞이는 대자연과의 만남으로, 자신의 마음을 정화하고 새해에 대한 큰 뜻을 품는 시간이 되어야 한다.

해맞이 장소에 따른 마음가짐

해를 보기 위해 동해까지 가는 것은 단순한 소망을 비는 것이 아니라 큰 뜻을 품고 가는 행위여야 한다. 가족의 안녕 등 개인적 바람은 집에서 조용히 빌면 되며, 동해나 산 정상에서는 나라와 인류를 위한 기원을 해야 한다.

수행의 척도는 겸손

진정한 수행자는 항상 밑에서 위를 향해 바라본다. 지식과 수행이 깊을수록 사람은 더욱 겸손해지고, 이는 수행이 어느 정도 되었는지를 가늠하는 척도가 된다. 수행자는 빈 깡통처럼 떠들기보다 내공을 쌓아야 한다.

산과 바다의 기운 차이

산은 몸이 아플 때 찾고, 바다는 실연이나 죽고 싶을 만큼의 절박함이 있을 때 찾는 곳이다. 산은 보호의 기운, 바다는 운용의 기운을 주며, 수행이 끝난 자는 바다로 나아가 지혜를 얻는다.

정초에 필요한 기도 자세

정초에 새해 기운을 받는 자는 자신의 가정에만 머물러서는 안 된다. 이웃, 사회, 나라, 더 나아가 인류를 위한 기도를 품어야 하며, 이런 기운을 받으러 가는 것이 해맞이의 바른 자세다.

자연 질서와 인간의 조화

많은 사람이 의식 없이 몰려다니면 산과 바다도 병든다. 누구나 해를 보러 가기보다, 자신의 상태와 의미를 되새기고 자연과 조화를 이루는 방식으로 행동해야 한다. 이는 질서를 바로 세우는 첫걸음이다.

- **My Record** (자유롭게 나의 생각과 깨달음을 기록해 보세요.)

✓ 나는 해맞이를 어떤 마음으로 맞이하고 있나요? 해를 보기 위한 마음인가요, 나의 마음을 새롭게 열기 위한 시간인가요?

✓ 대자연 앞에서 나는 얼마나 겸손히 서 있나요? 밑에서 위를 바라보는 자세로 하루를 시작하고 있나요?

✓ 내 마음속의 '큰 뜻'은 어디를 향하고 있나요? 나와 가족만을 위한 것인가요, 아니면 나라와 인류를 향한 것인가요?

✓ 오늘 나는 집 안에서 감사의 마음으로 스스로를 정화하고 있나요? 가까운 일상 속에서도 해맞이의 의미를 실천하고 있나요?

✓ 겸손이 내 안에서 어떻게 자라고 있나요? 내면의 깊이를 키우는 수행을 꾸준히 이어가고 있나요?

002

양심의 가책을 느낍니다

Q

친구가 공사 입찰과 관련된 업무에서 리베이트를 주고받는 일에 관여하면서 양심의 가책을 느낍니다. 이런 상황에서는 어떻게 해야 하나요?

죄책감에 머물지 말고,
실력으로 세상을 바로 잡아라.

• Key Point

리베이트와 같은 사회의 모순은 실력의 부족에서 비롯된 현상일 수 있으며, 이를 극복하려면 양심의 가책에 머무는 대신 자신의 실력을 키워 사회를 변화시켜야 한다. 진정한 변화는 비판이 아니라, 그 자리를 대신할 만큼의 실력을 갖출 때 이루어진다.

• In Short

양심의 가책보다 중요한 실력

양심의 가책은 실력이 부족할 때 생기는 감정일 수 있다. 리베이트 없는 사회를 만들고 싶다면, 그 이상을 실력으로 증명해야 한다. 실력 있는 사람은 리베이트 없이도 일할 수 있으며, 사회도 그에 맞게 변해간다.

리베이트 사회의 구조 이해하기

리베이트는 도덕성의 문제가 아니라 구조적 문제에서 비롯된다. 실력이 부족한 상태에서 경쟁에서 살아남기 위한 생존 방식으로 등장하며, 이는 사회 시스템의 일부로 이해할 필요가 있다.

주어진 역할과 자격

자신에게 주어진 역할에 충실하지 못할 때 죄책감이 생기고, 그 자리는 자연스럽게 다른 사람에게 넘어간다. 도둑이나 사기꾼도 사회적으로 필요할 때 등장하며, 그들은 그 역할에 충실할 뿐이다.

변화의 시점으로서의 가책

양심의 가책이 생겼다는 것은 이미 변화의 시점이 왔다는 신호다. 이전보다 조건이 좋아졌거나, 어느 정도 만족감을 느끼게 되면 인간은 다음 단계로의 전환을 고려하게 되며, 이때 내면의 질문이 생긴다.

배부름과 양심

양심적 행동은 절박함 속에서는 나타나기 어렵다. 먹고살기 급한 상태에서는 양심을 따지기 어렵고, 어느 정도 충족되었을 때야 비로소 도덕적 판단이 가능해진다. 이는 인간 심리와 사회구조의 현실적인 이해를 필요로 한다.

문제 해결의 방향

리베이트 자체를 비난하는 것은 해결책이 아니다. 더 나은 실력과 성과를 통해 구조를 바꿔야 하며, 양심의 가책을 느낀다면 역할에서 물러나 스스로를 재정립하는 것이 필요하다. 죄책감보다는 책임 있는 행동이 우선되어야 한다.

My Record (자유롭게 나의 생각과 깨달음을 기록해 보세요.)

✓ 나는 지금 양심의 가책에 머물러 있나요, 아니면 그 에너지를 성장의 동력으로 바꾸고 있나요?

✓ 사회의 모순을 탓하기 전에, 내가 그 자리를 대신할 실력을 갖추었는지 돌아보고 있나요?

✓ 죄책감이 들 때마다 멈추고 있나요, 아니면 그것을 변화의 신호로 받아들이고 있나요?

✓ 나의 실력은 오늘 어제보다 얼마나 사회를 이롭게 하는 방향으로 자라고 있나요?

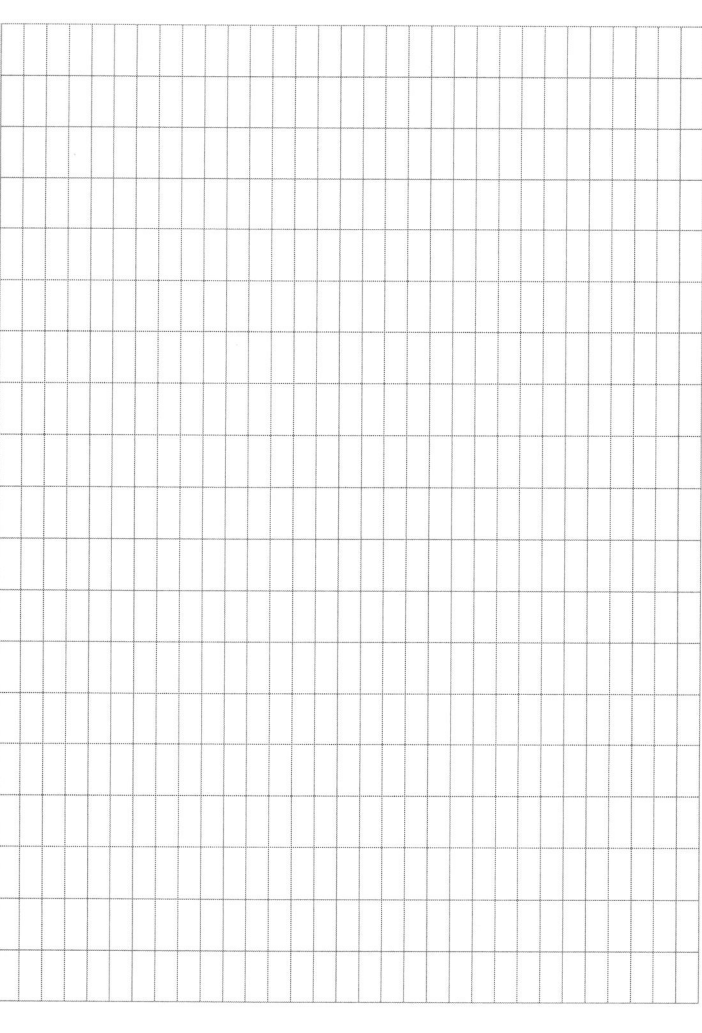

003

불의를 보면 참지 못합니다

Q

남편이 불의를 보면 참지 못하고 분노를 억누르지 못해 직장생활에 어려움을 겪고 있습니다. 절제를 하고 싶지만 생각처럼 잘되지 않는다고 합니다. 어떻게 해야 할까요?

상대를 깨우쳐 주는 것보다 더 큰 행은 없다.

• Key Point

불의를 보면 즉시 나서려는 마음은 정의감이 아니라 미숙한 판단일 수 있다. 세상의 모든 사건은 원인과 결과의 균형 속에 존재하며, 옳고 그름은 단순히 눈앞의 모습으로 판단할 수 없다. 자신의 분노를 다스리고, 먼저 원인을 살피는 사람이 진정으로 깨어 있는 자이다.

• In Short

불의를 참지 못하는 것은 질량의 문제
불의에 분노하여 반응하는 것은 자신의 질량이 낮기 때문이다. 갖춘 사람은 불의의 원인과 구조를 먼저 관찰하고 분석하며, 그 상황의 전체를 파악한 뒤 움직인다.

불의에 대한 성급한 판단
불의처럼 보이는 상황도 실제로는 정확한 판단을 위해 원인 분석이 필요하다. 옳고 그름을 성급히 판단하면 오히려 잘못된 편을 들고, 결과적으로 자신이 피해를 입는 일이 생긴다.

싸움의 본질 - 3:7의 법칙
모든 싸움에는 쌍방의 책임이 있으며, 일반적으로 3:7의 비율로 나뉜다. 더 답답한 사람이 70%의 잘못을 지닌 자이며, 사과 역시 그가 먼저 해야 한다. 문제 해결은 원인 규명과 진정한 사과에서 출발한다.

감정의 폭발은 해결이 아니다
화를 쏟아내고 나서 멈춘다고 해서 갈등이 해결된 것은 아니다. 감정은 다시 응축되어 재충돌로 이어지며, 근본적인 원인 분석과 뉘우침이 없다면 같은 문제가 반복된다.

과거의 미해결이 현재를 자극한다

현재의 싸움은 종종 과거의 상처와 억눌린 감정에서 비롯된다. 단순히 참는 것이 아니라 과거의 갈등을 정리하고, 자신의 모순을 찾는 노력이 필요하다.

환자란 누구인가? 맞은 자가 환자다

폭력이나 사기를 당한 사람은 겉으로는 피해자처럼 보일 수 있으나, 실제로는 자신이 만든 환경 속에서 잘못된 반응을 유도한 결과다. 맞은 자가 더 아프기 때문에 그를 환자로 본다.

사과의 우선순위

갈등을 먼저 일으키고, 감정을 자극하고, 더 큰 잘못을 범한 쪽이 먼저 사과해야만 진정한 화해가 가능하다. 사과의 우선순위가 지켜지지 않으면 문제는 반복되고, 내면의 갈등은 해결되지 않는다.

- **My Record** (자유롭게 나의 생각과 깨달음을 기록해 보세요.)

✓ 나는 불의한 상황을 볼 때 즉시 반응하기보다 먼저 원인을 살펴보려 노력하고 있나요?

✓ 상대의 잘못을 보기 전에 내 안의 분노와 판단심을 관찰하고 있나요?

✓ 답답한 사람을 비난하기보다 그를 깨우쳐 주려는 마음으로 인내하고 있나요?

✓ 오늘의 갈등을 깨우침의 기회로 받아들이는 공부자의 자세를 잃지 않았나요?

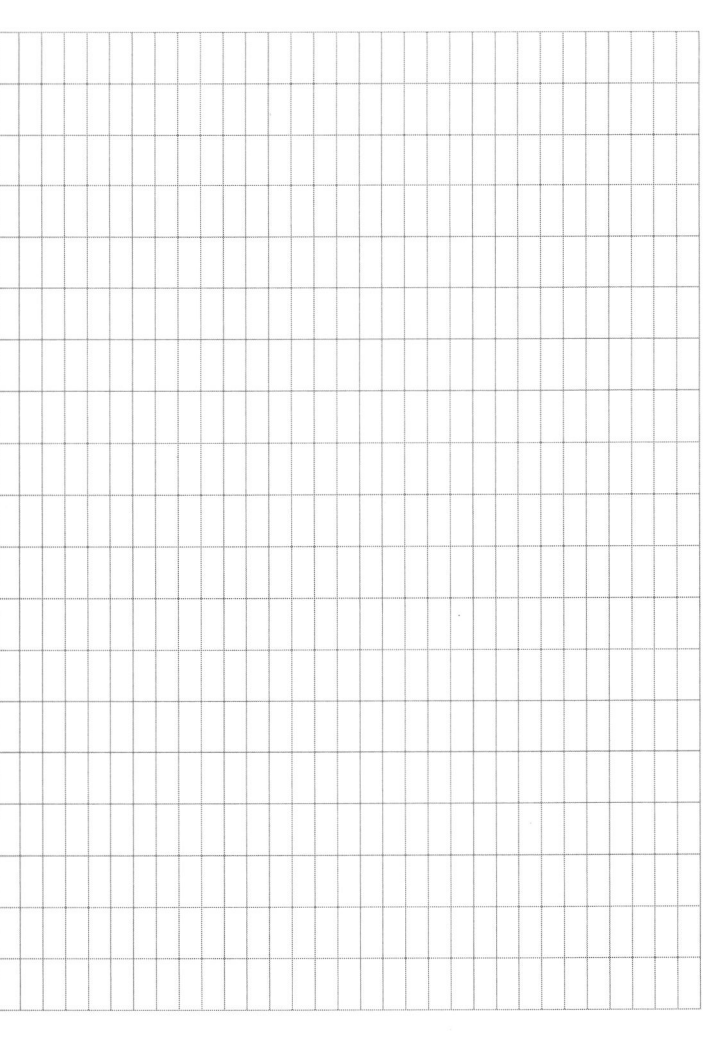

004

잘못된 사과
Wrong Apology

Q

부부싸움 후 남편이 분위기를 무마하려고 먼저 사과를 하는데, 이런 사과가 옳은 행동인지 궁금합니다.

자신의 잘못을 깨닫지 못하는 자는
절대 어려움에서 벗어날 수 없다.

• Key Point

사과는 단순히 관계를 회복하기 위한 말이 아니라, 자신의 잘못을 정확히 인식하고 바로잡으려는 내면의 성찰에서 시작된다. 잘못이 없음에도 분위기를 풀기 위해 사과하는 것은 진실을 왜곡시키고, 상대의 착각을 굳혀 더 큰 갈등을 부른다. 억지 사과는 순간의 평화를 줄 수 있으나 결국 진리의 자리에서 자신을 멀어지게 한다. 진정한 사과는 상황을 모면하기 위한 계산이 아니라, 스스로의 잘못을 성찰하고 바르게 인정하려는 깨달음에서 비롯된다.

● In Short

기분전환을 위한 사과는 위험하다

분위기를 무마하기 위한 사과는 잘못이 없음에도 사과하는 행위로, 오히려 상대의 잘못을 굳히는 결과를 낳는다. 이는 작은 갈등이 반복되어 큰 불이익으로 이어지는 단초가 된다.

사과는 잘못을 인식한 뒤에 해야 한다

사과란 단순히 상황을 모면하는 말이 아니라, 실제로 자신의 잘못을 자각한 뒤에 해야 진정한 의미를 갖는다. 진실되지 않은 사과는 오히려 신뢰를 해치고, 장기적으로 더 큰 문제를 만든다.

반복되는 사과는 무기가 된다

억지 사과가 누적되면, 그것은 문서나 녹음, 문자로 남게 된다. 사소한 갈등 해결을 위한 사과가 쌓이면, 나중에 이혼이나 법적 분쟁에서 결정적 불리함으로 작용할 수 있다. 의도와 관계없이 진술로 남은 기록은 강력한 증거가 된다.

분위기 무마는 해법이 아니다

급한 마음에 분위기를 넘어가려는 행동은 오히려 불신을 심어 줄 수 있다. 사과보다 더 중요한 것은 상황을 인식하고 차분히 대화할 틈을 마련하는 것이다. 감정을 정리할 시간과 상황을 되짚는 성찰의 순간이 먼저 필요하다.

사과의 반복은 비굴함으로 이어진다

문제를 넘기기 위해 반복적으로 사과하는 행위는 결국 자기 존엄을 해친다. 사소한 양보가 반복되면 상대는 그것을 권리로 착각하게 된다. 자기 존엄을 지키기 위해서라도, 필요 이상의 양보는 지양해야 한다.

비굴한 태도는 문제를 더 악화시킨다

사람은 문제를 피하거나 비굴한 자세로 일관해서는 안 된다. 문제가 발생하면 그것을 정확히 들여다보고, 왜 발생했는지를 분석해야 한다. 피하려는 태도는 문제를 키우고, 책임을 회피한 것으로 간주되어 결국 더 큰 책임을 지게 된다.

- **My Record** (자유롭게 나의 생각과 깨달음을 기록해 보세요.)

✓ 나는 지금 진심이 아닌 말로 관계를 달래려 하고 있지는 않나요?
✓ 상대의 기분을 맞추려는 사과가 오히려 진실을 흐리게 한 적은 없었나요?
✓ 나의 사과는 책임의 표현이었나요, 아니면 상황을 피하기 위한 계산이었나요?
✓ 잘못을 인정하기보다 모면하려는 마음이 내 안에 자리하고 있지는 않나요?

005

용서
Forgiveness

Q

자신의 섣부른 용서로 인해 또 다른 사람이 죽게 된 영화 「오늘」의 사례를 보며, 용서라는 행위가 인간에게 가능한 일인지, 진정한 용서란 무엇인지에 대한 근본적인 질문이 제기되었습니다.

사람이 사람을 용서할 수 없다.
용서로 객기를 부리면 더 큰 아픔이 온다.
상대를 잘못한 사람으로 만들지 마라.
대자연은 너에게 용서할 자격을 주지 않았다.

• Key Point

용서는 인간의 행위가 아닌 대자연의 운용 속에서 일어나는 결과이다. 우리가 누군가를 미워하거나 용서한다고 생각하는 순간 이미 법의 질서에서 벗어난 것이다. 내가 고통을 겪었다면 그 원인을 스스로 찾아 깨닫는 것이 참된 '용서의 공부'이며, 그 깨달음이 있을 때 비로소 마음의 평화와 삶의 변화가 찾아온다.

• In Short

사람은 사람을 용서할 수 없다
용서는 인간이 할 수 있는 행위가 아니라, 대자연의 법칙에 따라 움직이는 것이다. 내가 용서한다고 해서 상대가 실제로 용서받은 것이 아니며, 그 판단은 인간의 몫이 아니다.

용서하려는 마음도 '객기'가 될 수 있다
누군가를 용서한다고 말하면서도 내 마음이 요동친다면 그것은 진정한 용서가 아니다. 대자연에 맡긴다고 해놓고 그 결과에 반응한다면, 그것은 오히려 또 다른 고통을 불러오는 계기가 된다.

진짜 용서가 아니라면 뒤통수를 맞게 된다
억지로 용서하려 하면 오히려 더 큰 문제를 겪게 된다. 진정으로 이해하지 못하고 하는 용서는 자기기만이며, 결국 더 큰 어려움이 닥칠 수 있다.

잘못을 찾는 것이 먼저다
고통을 당한 사람은 상대를 원망하기 전에 자신의 잘못이 무엇인지 먼저 살펴야 한다. 내가 왜 그런 고통을 겪게 되었는지를 찾아내야 진정한 해결이 가능해진다.

가해자는 역할일 뿐이다

누군가 나에게 상처를 줬다면, 그는 단지 대자연이 설정한 역할을 수행한 것이다. 그 사람을 미워하거나 처벌하려는 마음보다는 그 사건을 통해 내가 무엇을 배워야 하는지를 연구해야 한다. 환경이 바뀐 것은 나에게 변화가 필요하다는 신호다.

기도로도 타인을 용서해서는 안 된다

대자연에 타인의 용서를 구하는 것조차 잘못된 방식이다. 진정한 기도는 나의 깨달음을 위한 것이어야 하며, 감정에 휘둘리지 않는 상태를 유지하는 것이다. 타인을 잘못한 사람으로 고정 짓는 것 자체가 바르지 못한 인식이다.

용서를 빌려면 조건이 필요하다

"저를 용서해주십시오"라고 기도하기 전에 내가 어떤 잘못을 했는지 먼저 깨달아야 한다. 실체 없는 반성은 아무 의미가 없으며, 똑같은 일이 반복될 뿐이다.

복수와 인과응보의 허상

영화나 드라마는 복수의 순간까지만 보여주고 그 이후의 고통은 생략한다. 복수는 결국 또 다른 고통의 시작이며, 현실에서는 분명한 책임과 불행을 수반한다.

My Record (자유롭게 나의 생각과 깨달음을 기록해 보세요.)

✓ 나는 지금 누군가를 용서한다는 생각으로 스스로를 위로하고 있지는 않나요?

✓ 내가 겪은 아픔의 원인을 진심으로 탐구해 본 적이 있나요, 아니면 상대를 탓하기만 했나요?

✓ 내가 누군가를 '잘못한 사람'으로 규정하며 마음의 우월감을 느낀 적은 없었나요?

✓ 용서의 말 뒤에 숨은 나의 교만과 감정의 객기를 보았나요?

006

저는 왜 인복이 지지리도 없을까요?

Q

인복이 많은 사람은 어려움이 생길 때마다 도와주는 사람이 나타납니다. 그런데 저는 인복이 없다고 느낍니다. 이런 인복은 사주로 정해진 건지, 아니면 바르게 살아서 생기는 건지 궁금합니다.

상대가 내 앞에 오는 것은
나의 모순을 일깨워 주기 위함이다.

• Key Point

인복은 단순히 나에게 이익을 주는 사람이 곁에 오는 것이 아니다. 진정한 인복은 내가 깨닫지 못한 어리석음과 모순을 일깨워 주는 사람을 만나는 것이다. 나를 불편하게 만들고 허물을 드러내는 관계가 오히려 나를 성장시키는 복이며, 그 관계를 통해 대자연은 공부의 기회를 준다.

• In Short

인복의 개념 재정립

인복이란 어려울 때 단지 물질적인 도움이 아니라, 깨우침을 줄 수 있는 사람과의 인연이다. 나를 성장시키기 위한 따끔한 말과 바른 조언이야말로 진정한 인복이다.

남의 도움에 의존하면 반복되는 고난

물질적 도움을 반복해서 받으면 사람은 나태해지고, 같은 어려움이 계속된다. 진짜 도움이 되지 않기에 결국 그 사람의 삶은 비굴한 쪽으로 흘러간다. 반복되는 고난은 해결되지 않은 삶의 구조에서 기인한다. 진정한 도움은 시간과 노력까지 함께 투자해야 한다.

도움은 깨우침을 이끌어야 한다

정말로 누군가를 돕고 싶다면 그 사람이 스스로 깨달을 수 있도록 이끌어야 한다. 그냥 주는 것이 아니라, 그 문제를 해결할 수 있는 실마리를 함께 만들어주는 것이다. 단순한 동정보다 냉철한 분별이 필요하다.

무주상보시 개념의 비판

'도와주고도 도왔다는 생각을 하지 말라'는 개념은 현실을 외면한 말장난일 수 있다. 실질적 도움을 줬다면 책임까지 지는 자세가 동반되어야 하며, 그렇지 않다면 그 사람 인생에 개입한 것이나 다름없다. 도운 자로서의 자각이 필요하다.

대자연의 시험과 인과

도움을 줬다고 스스로 만족하면, 대자연은 그것이 진심이었는지를 시험한다. 도운 사람이 실패하고, 도움받은 사람이 성공하게 될 때 서로의 감정에서 진심 여부가 드러난다. 대자연은 항상 사람을 공부시키는 방식으로 움직인다.

정법은 모순에서 나온다

지금까지의 사회는 모순으로 가득 찬 시대였으며, 그 모순을 바탕으로 정법이 태어난다. 착하다는 이유로 한 행위가 오히려 악이 되는 경우도 있었으며, 지금은 지식사회에 걸맞은 바른 분별이 요구되는 시대다.

- **My Record** (자유롭게 나의 생각과 깨달음을 기록해 보세요.)

✓ 오늘 나를 불편하게 한 사람을 떠올려 보세요. 그 사람이 내게 일깨워 주려는 모순은 무엇이었나요?

✓ 그 불편함 속에서 내가 놓치고 있던 진실은 무엇이었나요?

✓ 감정의 찌꺼기를 흘려보내고 그 자리에 감사의 마음을 채워 보세요.

✓ '모든 만남은 내 공부의 거울이다'라는 마음으로 하루를 정리해 보세요.

007

깨달음 1
여여하게 살고 싶다

Q

비난이나 칭찬에도 흔들리지 않고, 바람처럼 흘러가고 시냇물처럼 걸림 없이 여여하게 살려면 어떻게 해야 할까요?

나의 못남을 알아차리고 인정하는 것이
깨달음이고 공부의 시작이다.

• Key Point

깨달음은 남의 길을 따라가는 것이 아니라, 나의 못남을 알아차리고 인정하는 데서 시작된다. 스스로의 부족함을 정확히 보고 그것을 바르게 다스릴 때, 비난과 칭찬에도 흔들리지 않는 여여한 마음이 열린다. 진정한 깨달음은 특별한 수행의 결과가 아니라, 자기 자리를 정확히 살아내는 태도 속에서 피어난다.

• In Short

여여함은 깨달음의 결과다
바람 소리처럼 흐르고 시냇물처럼 걸림 없는 삶은 노력으로 되는 것이 아니라, 깨달음의 깊이에 따라 저절로 이루어진다. 큰 깨달음을 얻은 사람은 칭찬이나 비난에 일희일비하지 않는다.

크게 깨닫는다는 것의 의미
크게 깨달았다는 것은 세상의 이치를 모두 아는 것이 아니라, 자신의 자리를 정확히 알고 거기에서 최선을 다하는 것이다. 자기 기준에서 최고의 삶을 살아가는 것이 진짜 큰 깨달음이다.

깨달음은 삶의 결과로 주어진다
자신의 역할을 정확히 수행하는 과정에서 깨달음은 자연스럽게 생긴다. 외적인 노력이 아니라 내면의 정리와 역할의 충실함이 핵심이다. 물 흐르듯 여여한 삶은 그렇게 만들어진다.

깨달음은 노력으로 다가가는 여정
누구나 자신의 삶에서의 최고 수준의 깨달음을 가질 수 있다.

각자에게 주어진 삶의 자리에서 바르게 살면, 그에 합당한 깨달음이 찾아온다. 깨달음은 부처만의 것이 아니라, 각자의 자리에 따른 것이다. 부처의 깨달음을 쫓는 사람은 절대 부처가 될 수 없다. 수행자는 자신의 근기에 맞는 방법으로 깨달아야 한다. 남의 길을 쫓아가는 한 진정한 깨달음은 불가능하다.

각자의 삶에 따른 수행 방식
시장 상인과 교육자의 수행 방식은 다르며, 고기 장수와 고구마 장수의 수행도 다르다. 각자가 서 있는 환경에 따라 수행 방식과 깨달음의 길은 달라야 한다. 시대와 조건에 맞는 방법을 찾아야 한다.

정법시대의 깨달음이란
이제는 모순을 거름 삼아 정법이 탄생하는 시대다. 남의 틀에 갇히지 않고, 자신의 삶을 통찰하며 사는 것이 바로 정법시대의 깨달음이다. 여여하게 산다는 것은 바르게 살고 있다는 증거다.

- **My Record** (자유롭게 나의 생각과 깨달음을 기록해 보세요.)

✓ 나는 지금 내 자리를 바르게 살고 있나요, 아니면 남의 길을 부러워하며 따라가고 있나요?

✓ 칭찬이나 비난 앞에서 내 마음이 흔들리고 있지 않나요?

✓ 나의 부족함을 인정하고 바로잡으려는 공부를 꾸준히 하고 있나요?

✓ 여여하게 산다는 것이 멀리 있는 이상이 아니라 지금 여기에서 실천할 수 있음을 잊지 않았나요?

008

2012년 12월 21일
지구 종말

Q

비난이나 칭찬에도 흔들리지 않고, 바람처럼 흘러가고 시냇물처럼 걸림 없이 여여하게 살려면 어떻게 해야 할까요?

지금은 인본 시대,
하늘에 빌고 땅에 빌던 시대는 갔다.

● Key Point

2012년 12월 21일은 '물리적 파멸'이 아니라 인류 의식의 전환을 상징하는 전환점으로 이해할 수 있다. 이제 인본시대에는 외부의 신에게 매달리는 기도가 아니라, 내 안의 하늘을 깨우는 공부가 중심이 된다. 신앙은 믿음에서 앎과 실천으로 완성되며, 하늘의 법을 삶에 구현하는 사람이 인본시대의 주체이다.

• In Short

지구 종말은 없다, 인류는 새로운 시대로 전환 중이다
2012년 12월 21일은 지구가 망하는 날이 아니라, 인류가 의식을 전환하며 새 시대를 맞이하는 중요한 경계선일 뿐이다. 종말이 아닌 '변화'의 시점이다.

잘못된 예언에 휘둘리지 말고 중심을 잡아야 한다
지구 종말을 운운하는 예언은 개인과 사회를 혼란에 빠뜨릴 뿐이다. 중심을 잡고, 인간의 본성과 시대 흐름을 이해하는 것이 필요하다.

지구의 변화는 인간 의식의 변화와 맞물려 있다
자연재해나 기후 이상 같은 현상은 단순한 천재지변이 아니라, 인간 의식과 삶의 방식이 불균형했음을 반영하는 자연의 피드백이다. 대우주의 질서 속에서 지구는 조화를 이루고 있다.

지식인의 역할과 책임
2차 세계대전 이후 대한민국에서 태어난 지식인들은 이제 그 지식을 사회에 내놓아 지혜롭게 활용해야 할 책임이 있다. 이들이 세상을 이롭게 할 때, 개인과 사회, 나아가 인류 전체가 평화롭고 행복한 시대를 맞이할 수 있다.

지식의 완성 및 지혜 시대의 도래

인류는 2012년까지 지식을 축적하고 2013년부터는 이 지식을 바탕으로 지혜를 열어 만인이 이롭게 쓸 수 있도록 하는 시대가 열린다. 이는 과거와 같이 개인적으로 지식을 소유하는 것이 아니라, 인터넷과 같은 도구를 통해 지혜를 나누고 공유하는 형태로 나타난다.

'사'에서 '공'으로의 전환, 인본시대의 개막

선천시대가 개인의 욕심과 힘의 논리, 즉 '사'를 추구하는 동물적인 삶이었다면, 후천시대는 '공'을 중심으로 하는 '인본시대'이다.

국민교육헌장에 담긴 민족의 사명

과거 주입식으로 배웠던 국민교육헌장의 내용, 즉 "민족의 역사적 사명을 띠고 이 땅에 태어나 조상의 얼을 되살리고, 저마다 소질을 계발하여 안으로는 자주독립을 이룩하고 밖으로는 인류공영에 이바지할 때"라는 구절은, 후천시대를 살아갈 한국인이 실현해야 할 핵심 과제이다. 이는 한민족의 한을 풀고, 인류 전체에 공헌하는 홍익인간의 시대를 여는 것을 의미한다.

My Record (자유롭게 나의 생각과 깨달음을 기록해 보세요.)

✓ 나는 두려움을 없애기 위해 기도하고 있나요, 아니면 깨달음을 얻기 위해 공부하고 있나요?

✓ 나의 기도와 실천은 세상을 이롭게 하고 있나요?

✓ 인본시대의 인간으로서 하늘의 법을 내 삶 속에서 실현하려는 노력이 있나요?

✓ 지식과 지혜의 차이를 어떻게 이해하고 있으며, 지혜를 얻기 위해 어떤 노력을 하고 있나요?

009

깨달음 2
나는 누구이며
무엇을 해야 하는가?

Q

스승님께서 말씀하시는 '깨달음'이란, '나는 누구인가?' '나는 무엇을 해야 하는가?'를 아는 것이라고 이해해도 되는지요?

지식을 갖추었다면 스승을 찾아야만 한다.
스승을 만나지 못하면 지혜를 열지 못한다.

• Key Point

지식은 단순한 정보의 축적이 아니라 인류가 살아온 경험과 혼이 압축된 에너지의 결정체이다. 그 깊이를 깨닫는다는 것은 그 에너지를 바르게 쓰는 법을 배우는 것이다. 그 길은 혼자서 열 수 없으므로 스승을 만나야 닫힌 문이 열린다. 스승의 가르침을 통해 지식은 방향을 찾고, 깨달음은 지혜로 열린다. 그 지혜는 나를 인류를 위한 공적 존재로 이끈다.

• In Short

아는 것과 깨닫는 것은 다르다

남이 말해준 것을 듣고 아는 것과 내가 그 깊이를 이해하고 깨닫는 것은 다르다. 알고 나면 그 깊이를 공부해서 깨달아야 한다. 이것이 수행이다.

지식은 인류가 살아온 흔적이 압축된 혼의 에너지

지식은 수천 년 동안 사람들이 살아가며 남긴 흔적이 압축된 에너지다. 이것을 내가 흡수했다면, 그 지식을 바르게 쓸 줄 알아야 한다. 그래야 지식의 주인이 된다.

나는 왜 이 에너지를 먹었는가?

지식을 먹은 자는 '나는 누구인가?'를 깊이 파고들어야 한다. 인류의 혼을 먹었으면, 그 혼의 한을 풀어주는 것도 의무이자 책임이다. 지식을 갖춘 자가 사적으로 욕심을 내면 대자연이 지식을 쓸 수 없도록 차단한다. 그래서 공적으로 살아야 한다.

스승은 갖춘 자에게 온다

지식, 기술, 재주, 경제를 갖춘 자는 그것을 어떻게 써야 할지를 몰라 방황하게 된다. 이때 스승이 와서 그 깊이를 만져주고 깨우쳐 주는 것이다. 지금 이 시대는 너희들이 다 갖추고 준비되었기 때문에 스승이 오는 시대다.

- **My Record** (자유롭게 나의 생각과 깨달음을 기록해 보세요.)

✓ 내가 가진 지식은 나를 자유롭게 하나요, 아니면 상식에 나를 묶어 두나요?
✓ '아는 것'과 '깨닫는 것'의 차이를 어떻게 이해하고 있나요?
✓ 진정으로 깨닫기 위해 지금 필요한 공부는 무엇인가요?
✓ 나의 스승은 누구이며, 만날 준비가 되어 있나요?
✓ '나는 누구이며 무엇을 해야 하는가'에 대한 나의 현재 답은 무엇인가요?

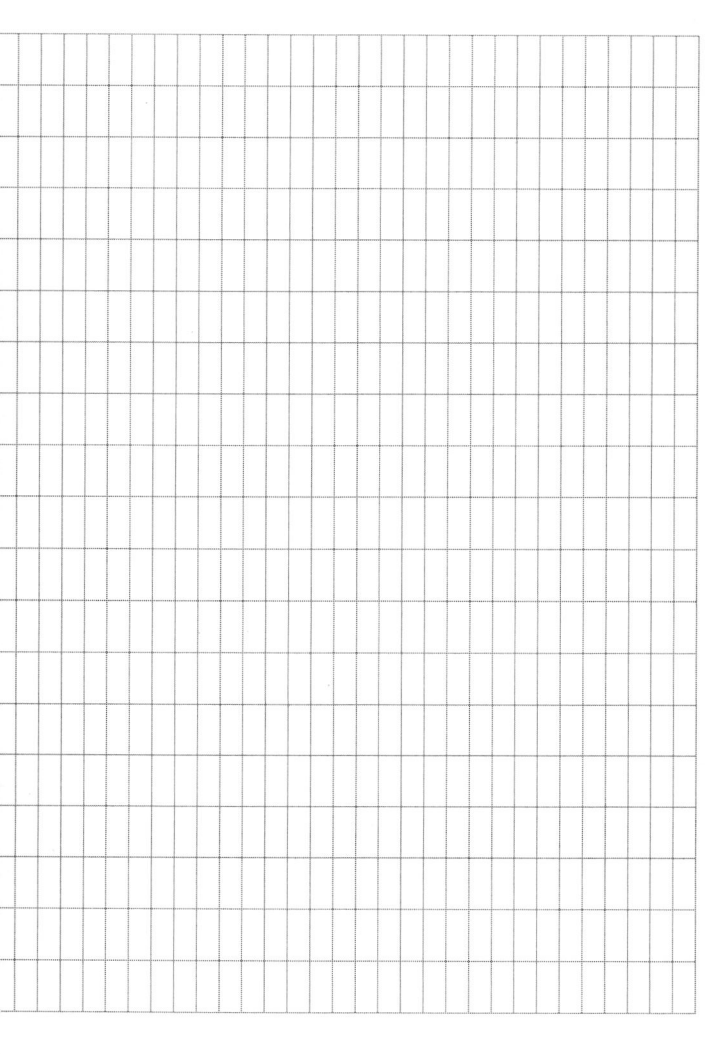

010

깨달음 3
젊은이들도
깨달을 수 있나요?

Q

저는 20대입니다. 젊은 나이에도 깨달음을 얻을 수 있는 자격이 되는지 궁금합니다.

하느님을 믿지 말고 알아야 한다.
신을 제대로 알면
빌고 매달리는 신봉자가 되지 않는다.

• Key Point

'믿는다'는 것은 외부 존재에 의지하는 단계에 머무는 것이다. 이제는 신을 '믿는' 시대를 지나 '아는' 시대로 들어서야 한다. 신을 '안다'는 것은 밖에서 신을 찾는 것이 아니라, 내 안에 깃든 진리의 원리를 깨닫는 것이다. 그때 신은 빌고 매달릴 대상이 아니라 나와 함께 작용하는 공소의 힘으로 드러난다.

• In Short

깨달음은 근기를 갖춘 자에게 주어진다

깨달음은 단순히 아는 것과는 다른 차원이다. 아는 사람은 그저 살면 되지만, 깨달은 사람은 자신의 혼신을 태워 모든 것을 바칠 수 있는 근기를 지닌 사람이다.

아날로그 세대와 디지털 세대의 차이

아날로그 세대는 천지창조 이래 가장 깊이 진리의 삶을 갈구하며 살아온 존재들이다. 이들이 자신의 혼신을 불태울 때 세상의 개념과 기준이 변하며, 하늘에 닿아 세상을 움직이게 한다. 디지털 세대는 주어진 틀 내에서 열심히 살 수는 있어도, 아날로그만큼 큰 포부를 세우거나 근원적인 갈구는 어렵다.

종교와 신앙의 개념

앞으로는 종교라는 개념이 바뀌고, 신앙의 방식도 달라진다. 이제는 신을 믿는 것이 아니라, 신이 무엇인지 아는 시대로 전환된다. 공심으로 세상을 바라보는 깨달은 자들만이 신을 바르게 정리할 수 있으며, 그들은 어떤 신이 옳고 그르다는 분별도 하지 않는다.

사상의 통합과 평화의 시대

결국 모든 사상은 공도사상 아래 하나로 정리되며, 믿음의 다름이 갈등을 일으키지 않게 된다. 공으로 바라보는 깨달은 자들의 삶은 새로운 평화의 시대를 열게 된다.

- **My Record** (자유롭게 나의 생각과 깨달음을 기록해 보세요.)

✓ 나는 지금 신을 믿고 있나요, 아니면 알고 있나요?
✓ 어려움이 올 때 빌고 매달리는 신앙의 자세를 보이고 있지는 않나요?
✓ 나는 무엇을 위해 혼신을 바칠 수 있나요?
✓ 나의 가장 큰 목표는 무엇인가요?
✓ '안다'와 '깨닫는다'를 어떻게 구분하나요?
✓ 공심을 키우기 위해 오늘 무엇을 실천할 수 있나요?

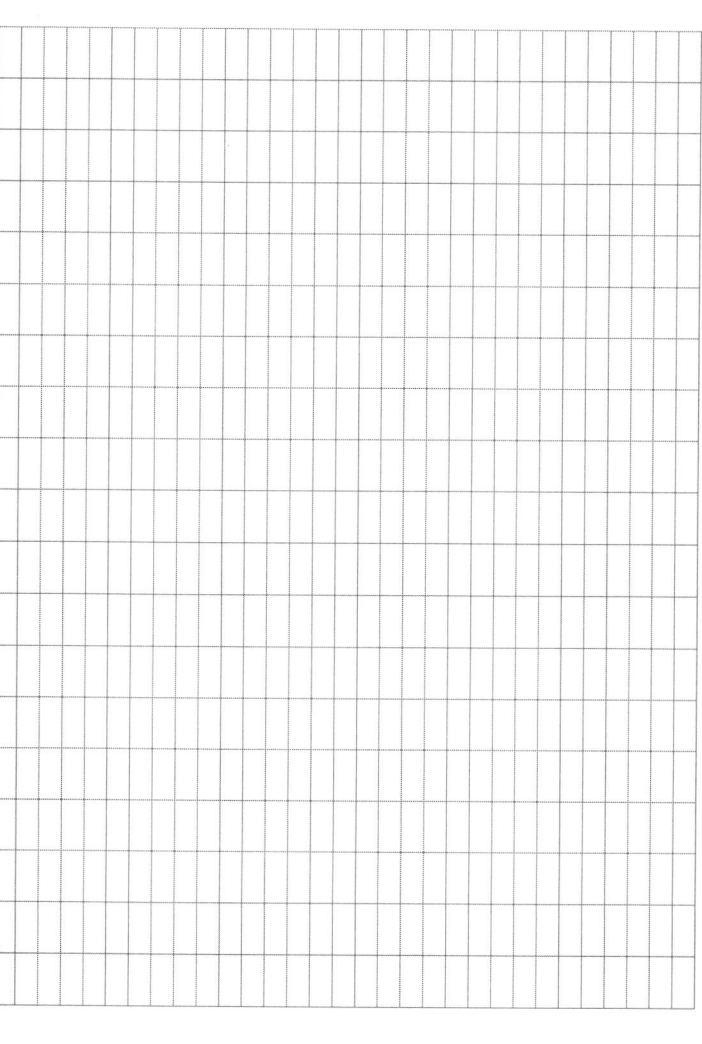

011

깨달음 4
여여하게 인생을
마칠 수 있을까요?

Q

우리가 여여하게 인생을 마칠 수 있을까요?

내가 지은 죄업은 누군가에게
아무리 빌어도 사라지지 않는다.
남을 위한 덕을 행했을 때만이 소멸된다.

● Key Point

죄는 단순한 참회나 기도로 사라지지 않으며, 주어진 역할을 다하고 타인을 이롭게 하는 삶을 통해 소멸된다. 이는 대자연의 법칙이며, 지식인의 책임을 강조한다. 배움과 능력을 백성의 희생 위에 쌓은 자일수록 더 큰 덕을 행해야 한다. 천국은 기도로 들어가는 곳이 아니라, 삶이 맑고 가벼워질 때 자연히 열리는 자리다.

• In Short

여여한 삶을 마감하려면 '할 일'을 해야 한다

지식인이 해야 할 일은 일반인이 하는 일을 대신하는 것이 아니라, 지식을 가진 자로서 사회에 공헌하는 것이다. 아무리 준비를 갖추었더라도 사회에 기여하지 않았다면 '일한 것'이 아니며, 그로 인해 죄도 소멸되지 않는다.

죄의 소멸은 올바른 삶을 통해서만 가능하다

삶의 목적은 죄의 소멸이다. 단순히 기도하거나 종교 의식을 치르는 것으로는 죄가 없어지지 않는다. 오직 자신의 삶을 남에게 이롭게 하고, 혼신을 다해 불태울 때 영혼이 가벼워져 천국에 도달할 수 있다.

천국은 가벼운 자만 들어갈 수 있는 곳

천국은 물리적인 땅이 아닌, 영적으로 맑고 가벼운 자들만 존재할 수 있는 영역이다. 무거운 마음과 삶을 지닌 자는 그곳에 머물 수 없다. 삶의 태도와 행위가 곧 천국 입장의 조건이다.

희생을 먹고 자란 지식인, 책임은 더 크다

과거 유관순, 안중근 같은 인물들이 초개같이 자신을 불태우고 희생한 그 에너지 위에서 오늘날의 지식인들이 성장했다. 따라서 지식인은 그러한 희생의 의미를 되새기고, 사회를 위한 법과 제도를 창조해야 할 책임이 있다.

홍익인간의 법을 세우는 것이 지식인의 사명
자주독립은 우리만의 법을 통해 이루어질 수 있다. 홍익인간 사상을 바탕으로 한 평등하고 조화로운 법을 수립해야 하며, 이것이 바로 인류공영에 이바지하는 길이다.

지금은 지혜를 써야 할 때
지식과 재주는 이미 충분히 축적되었고, 이제는 그 지식을 어떻게 현명하게 활용하느냐가 중요하다. 자랑하거나 과시하는 시대는 끝났으며, 지혜로써 인류를 이끌어야 할 때가 왔다.

대한민국은 지금 인류의 중심으로 비춰지고 있다
대한민국은 이미 최상의 조건을 갖추었으며, 이제는 그 에너지를 어떻게 쓰느냐에 따라 세계의 지도자가 될 수도, 소멸될 수도 있는 기로에 있다. 지금은 정신을 바르게 세우고 행동으로 옮겨야 한다. 이제는 지혜로 일할 때이다.

- **My Record** (자유롭게 나의 생각과 깨달음을 기록해 보세요.)

✓ 내가 가진 지식이나 재주로 사회에 어떤 공헌을 하고 있나요?
✓ 나의 삶의 목적은 무엇이며, 이 강의를 통해 바뀐 점은 있나요?
✓ '죄의 소멸'을 위한 나의 구체적 실천 계획은 무엇인가요?
✓ 나는 지금 해야 할 일을 알고 실천하고 있나요?

012

화가 아예 나지 않으려면
어떻게 해야 합니까?

Q

남의 모욕적인 말이나 행동에 화가 치밀어 오르는데, 화가 아예 나지 않도록 하려면 어떤 마음으로 공부해야 하는지, 그리고 다양한 성격의 사람들과의 갈등은 어떻게 해소해야 하는지 궁금합니다.

생각의 질이 낮고
실력이 부족한 사람일수록 화를 자주 낸다.

• Key Point

실력이 있는 사람은 객관적 판단력과 자기 성찰을 갖추고 있어, 화가 나는 상황에서도 원인과 자신의 놓침을 먼저 본다. 실력이 부족할수록 감정이 앞서고 제어하지 못해, 화를 통해 책임을 회피하고 부족함을 감추려 한다.

• In Short

화나는 일이 벌어지는 이유
화를 삭이는 것은 임시방편일 뿐이며, 화가 나는 원리를 알아야 화를 다스릴 수 있다. 평소 옳다고 생각했지만 옳지 않게 행동한 작은 잘못들이 쌓여 에너지가 되고, 이것이 문리가 일어날 때 상대방을 통해 나쁜 말로 내게 돌아오는 것이다.

나를 화나게 하는 상대의 역할
상대가 나를 화나게 하는 것은 무언가를 나에게 가르쳐주는 것이다. 상대보다 화를 내는 내가 어렵기 때문에 그 책임은 나에게 70%가 있고 상대에게는 30%가 있다.

비난을 들으면 자신의 잘못을 먼저 찾아봐야 한다
상대가 화를 낼 때 '저 사람이 화가 났겠구나' 정도의 이해로는 자신의 공부가 되지 않는다. 공부는 그 원리를 알고, 설령 직접적인 잘못이 없더라도 자신을 돌아보고 나쁜 버릇을 고치려 노력할 때 된다.

남을 탓하는 것은 더 큰 어려움을 부른다

내 자신을 돌이켜 보지 않고 계속 상대 탓을 하고 욕하면 더 크게 화낼 일이 닥친다. 남을 탓하고 욕하는 자는 항상 어려워진다. 이는 대자연이 우리에게 주지 않은 권한을 행사하는 것이기 때문이다.

단체 생활에서의 갈등과 정리

사람은 저마다 소질, 특기, 장점과 모순을 가지고 있다. 게으른 사람도 어떤 면에서는 쓸모 있는 역할을 한다. 단체에서 다양한 사람들이 모여 구성원을 이루는 것은 서로 공부시키기 위함이다. 어떤 이의 게으름이나 잘못이 30% 정도라면 주위에서 해소할 수 있지만, 70%를 넘어서면 스스로 그 자리에서 떠나게 된다.

남을 간섭 말고 자신부터 잘해야 한다

우리 국민의 가장 큰 약점은 남의 일에 너무 간섭하고 남이 하는 행동을 봐주지 못하는 것이다. 자신만 잘하면 내 앞에 어려움이 몰려오지 않는다. 특히 남 탓하는 무리에는 섞이지 말고 떠나야 공범자가 되어 함께 어려움을 겪지 않는다.

• My Record (자유롭게 나의 생각과 깨달음을 기록해 보세요.)

✓ 누군가의 말이나 행동에 화가 날 때, 내 안에 정리되지 않은 감정이 남아 있는 것은 아닌가요?
✓ 지금의 감정은 상황을 정확히 인식·판단한 결과인가요, 즉각적 반응인가요?
✓ 상대의 잘못을 지적하기 전에 내 책임을 먼저 살펴보았나요?
✓ '왜 나만 화가 날까?'보다 '왜 내가 여기에 반응했을까?'를 물어보았나요?
✓ 감정이 올라오는 순간 내가 해야 할 공부는 무엇인가요?

013

봉사활동 1
아들이 취업은 하지 않고
봉사활동만 합니다.

Q

외아들이 대학 졸업 후 취직은 하지 않고 봉사활동만 계속하고 있어 걱정입니다. 이런 아들에게 부모로서 어떻게 말해주어야 할까요?

봉사는 나의 성장을 위한 현장공부이지
남을 도와주러 가는 것이 아니다

• Key Point

봉사는 선행이 아니라 세상의 모순과 그늘을 몸소 겪으며 나를 성장시키는 현장 공부이다. 그 과정에서 인간의 본질과 삶의 구조를 배우고, 이 배움을 바탕으로 세상을 이롭게 하는 지적인 힘을 길러야 한다. 그 축적이 있을 때에야 사회적 기여로 이어진다.

• In Short

봉사활동의 본질은 자기 공부다
봉사는 단순히 남을 돕는 것이 아니라, 자신을 성장시키는 공부의 일환이다. 젊은 시절 봉사활동은 삶의 현장에서 사회의 그늘을 경험하고 깨우침을 얻는 귀중한 시간이며, 그 자체가 하나의 배움이다.

부모의 역할은 판단이 아닌 뒷받침이다
자식의 봉사활동을 성급히 비판하거나 걱정하지 말고, 그것이 참된 배움으로 연결될 수 있도록 옆에서 지켜보고 격려해야 한다. 부모의 기준이 돈벌이에만 치우쳐 있다면 자식의 길을 가로막는 걸림돌이 될 수 있다.

봉사에 빠지는 것과 공부하는 것의 차이
봉사활동만 하다가 세상과 단절되고 있는지, 봉사를 통해 공부하고 있는지 또는 봉사활동에 무의미하게 빠져 있는지는 하루 마무리 태도로 알 수 있다. 하루를 정리하고 기록하며 성찰하는 자세가 있으면 공부 중인 것이다.

하루 마무리를 통해 진심을 읽는다

공부하는 사람은 하루를 정리하며 내일을 준비한다. 반면 의미 없이 술 마시고 시간을 흘려보낸다면 그것에 빠진 것이다. 일지 작성이나 일상 정리를 하고 있는지를 통해 그사람의 내면 흐름을 파악할 수 있다.

봉사의 경험이 지적 기반이 된다

봉사활동을 통해 현장의 모순을 이해하고, 그 경험을 바탕으로 사회 문제 해결에 기여할 수 있다. 현장 속 공부가 축적되면 이후 지적인 역할로 전환되어 사회를 이끄는 역량이 될 수 있다.

부모의 기준이 자녀의 가능성을 가둔다

"돈을 벌어야 한다"는 기준으로 자녀를 바라보면, 진정한 배움의 기회를 놓친다. 자녀가 하고 있는 일이 의미 있는 성장으로 이어지도록 부모가 관점을 바꿔야 한다. 진심 어린 격려와 통찰이 자녀의 미래를 밝힌다.

- **My Record** (자유롭게 나의 생각과 깨달음을 기록해 보세요.)

✓ 남을 돕고 있다고 생각하지만, 그것이 나의 성장을 위한 공부임을 잊고 있지는 않나요?

✓ 누군가를 바꾸려 하기보다 나의 마음을 닦고 배우는 자세로 임하고 있나요?

✓ 어려운 삶의 이유를 탐구하며 내 삶의 방향을 함께 비춰보고 있나요?

✓ 오늘의 봉사에서 얻은 깨달음은 내일의 삶으로 어떻게 이어지나요?

✓ 봉사 속에서 나는 정말 배우고 있나요, 아니면 위안만 얻고 있나요?

014

봉사활동 2
아이가 자꾸 눈에
밟히고 선합니다

Q

아들이 장애인 시설에서 봉사한 후, 자신이 돌보았던 아이가 계속 생각난다고 합니다. 혹시 봉사활동에 빠진 것은 아닌가요?

어려운 자는 절대 남을 도울 수 없다.
남을 돕는 것은 공부 비용을 지불하는 것이다.
남을 돕는다는 자만심을 갖지 마라.

• Key Point

자기 삶의 어려움도 정리하지 못한 채 남을 돕겠다는 마음은 교만일 수 있다. 봉사는 '도움'의 자리가 아니라 나를 먼저 돌아보고 바로 세우는 현장의 공부와 실천일 때 비로소 타인에게 진정한 도움이 된다. 그런 도움만이 세상을 이롭게 한다.

• In Short

정이 많은 사람의 특징과 봉사의 감정적 몰입

정이 많은 사람은 특정한 상황이나 대상에 깊이 빠지기 쉽다. 봉사활동 중에 특정 대상에게 정이 쏠리면 본래의 목적에서 벗어나게 되고, 자신의 균형을 잃기 쉽다.

봉사활동은 '도움'이 아닌 '배움'의 현장이다

봉사활동을 할때 어려운 사람을 도우러 간다고 생각하면 안 된다. 봉사는 방편일뿐 진정한 봉사는 그들의 삶을 통해 내가 성장하는 공부이다, 물질은 그들을 만나기 위한 수단이고, 그들이 아프고 어려워진 이유를 찾는 것이 봉사의 목적이 되어야 한다.

치우침은 미래의 큰 일을 막는다

한 대상이나 상황에 정을 주고, 치우치면 시야가 좁아지고 삶의 균형이 무너진다. 이는 결국 큰일을 해낼 수 없는 인물로 스스로를 한정짓게 된다.

정서적 몰입은 오히려 내 삶에 화(禍)를 부를 수 있다

봉사 중 정을 지나치게 쏟으면, 그 감정이 내 삶을 치우치게 하고 결국 내 자식이나 가족에게도 고통으로 돌아올 수 있다. 봉사는 감정에 빠지는 자리가 아니라, 나를 돌아보고 바르게 설 수 있는 공부의 장이어야 한다.

봉사활동은 준비된 마음과 교육이 먼저다

기초 없이 무작정 봉사에 나서는 것은 위험하다. 봉사는 교육을 받고 자신이 무엇을 배우고 가야 하는지 목적을 명확히 세운 후 참여해야 한다. 준비되지 않은 봉사는 오히려 해가 될 수 있다.

복지의 방향 전환

전 세계적으로 복지 수요가 급증한 이유는 봉사의 본질을 잘못 이해하고 있기 때문이다. 봉사를 '도와주는 일'로만 착각한 데서 비롯된 것이다. 봉사는 내가 바로 서기 위한 공부이며, 세상의 흐름을 바꾸는 실천이다. 인식이 바뀌어야 세상이 바로 선다.

My Record (자유롭게 나의 생각과 깨달음을 기록해 보세요.)

✓ 아직 자신의 삶도 바로 세우지 못한 내가, 누군가를 돕겠다는 마음은 혹시 교만이 아니었나요?

✓ '도움'이라는 착각 속에서 정만 쏟고 돌아온 것은 아닌가요? 그 자리에서 무엇을 배웠나요?

✓ 봉사는 남을 위한 일이 아니라 나를 다시 세우는 공부의 장임을 잊고 있지는 않았나요?

✓ 진정한 도움은 내가 먼저 바르게 설 때 가능함을 되새겨 보세요.

015

상대에게 다가가기

Q

어떤 사람이 자꾸 눈에 들어오고 도와주고 싶은데, 그 사람은 나를 싫어하는 눈치입니다. 다가가지 말아야 할까요, 아니면 제가 그 사람에게 빚이 있어 그런 걸까요?

묻지 않은 자에게 답을 주지 말고,
도와달라 하지 않는 자에게
도움을 주려 하지 마라.
아무리 좋은 의도라도
괜한 간섭이 되어 분란이 된다.

• Key Point

상대가 묻지도, 요청하지도 않았는데 먼저 나서는 것은 자만에서 비롯된 간섭이 되기 쉽다. 의도가 좋아도 관계를 어긋나게 하고 감정의 부채를 남긴다. 진짜 도움은 상대가 원할 때, 그리고 내가 겸손히 배우려 할 때 이루어지며, 그 관계 속에서만 상생이 시작된다.

• In Short

다가가고 싶은 마음의 실체

누군가가 자꾸 눈에 들어오는 것은 인연이 연결되어 끌리는 자연스러운 현상이다. 하지만 다가가고 싶은 마음의 바탕에는, 나도 모르게 '물질을 통해 접근하려는' 무의식이 작용할 수 있다. 이는 진정한 도움의 본질을 잘못 이해한 데서 비롯된다

물질로 접근할 때의 한계

물질을 들고 가면 상대와 가까워지기 쉽지만, 물질만으로는 진정한 관계를 형성할 수 없다. 이후 지속적인 도움 없이 머무르게 되면, 오히려 상대에게 감정을 사거나 관계가 틀어질 수 있다.

물질의 올바른 운용

도움을 주는 마음은 좋지만, 그것이 우위를 점하려는 의도나 보상을 기대하는 태도로 흐르면 결국 관계는 깨지게 된다. 물질은 함께 쓰는 것이고, '도와줬다', '베푼다'는 생각을 내려놓는 것이 중요하다.

진정한 도움의 방식

상대가 가진 장점을 살펴보고, 내가 배우고 도움 받을 수 있는

부분을 먼저 찾는 것이 더 정확한 접근이다. 인간은 자신에게 배움을 청하는 사람을 반기며, 이 방식은 자연스럽고 부드러운 관계 형성으로 이어진다.

가까워지는 두 가지 방법

하나는 물질을 통해 다가가는 방법이고, 다른 하나는 배움을 통해 접근하는 방법이다. 후자의 경우 감정적 상처나 오해가 없고, 신뢰감 있는 관계로 발전한다

도움의 대가와 상생의 조건

상대에게 얻은 배움의 보답으로 물질이 오가는 것은 자연스러운 일이지만, 이 역시 가르침에 대한 감사의 표현으로 생각해야 한다. 상호 존중과 이해가 바탕이 될 때 진정한 상생이 가능해진다.

바르게 다가가는 지혜

상대를 정확히 파악하고 다가가야 진정한 인연이 만들어진다. 내가 가진 것을 내세우기보다는 상대를 통해 배우겠다는 자세로 접근할 때 관계는 깨지지 않고 계속 유지된다.

- **My Record** (자유롭게 나의 생각과 깨달음을 기록해 보세요.)

✓ 내가 도움을 주려는 마음은 정말 상대를 위한 것이었나요?
✓ 내가 앞서 있고 상대는 부족하다고 여긴 오만은 없었나요?
✓ 진정으로 다가가려면 무엇을 내려놓고 무엇을 배워야 할까요?

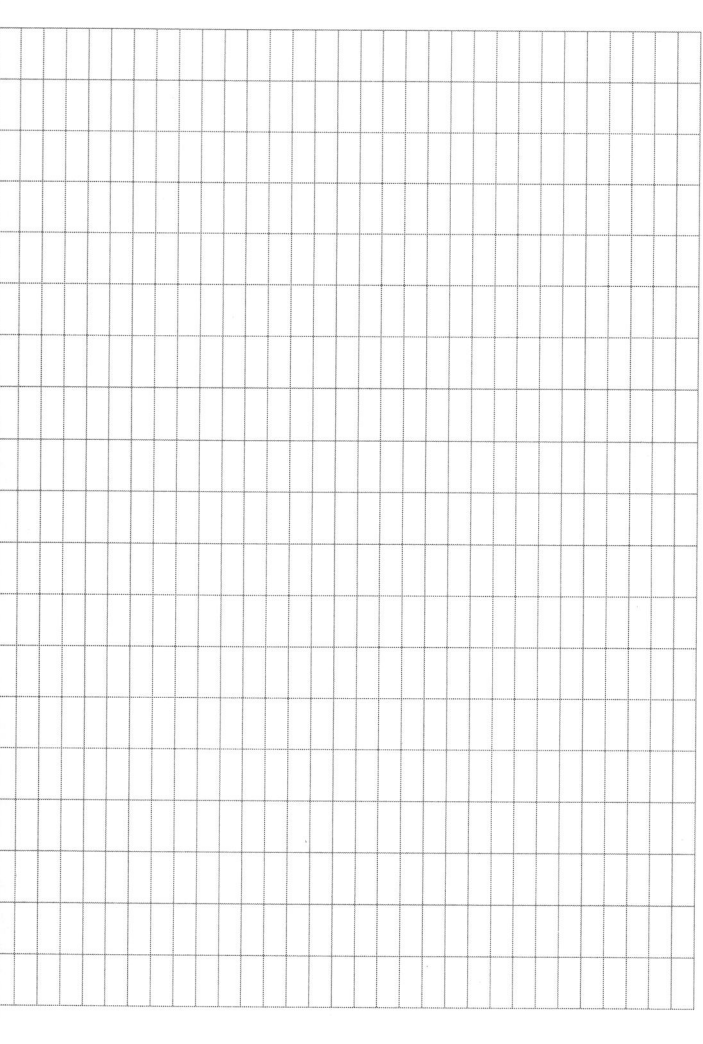

016

전생과 수행

Q

전생에 수행을 많이 한 사람은 다음 생에 고관대작으로 태어난다는 말이 사실인지 궁금합니다.

지식은 개인의 것이 아니라 인류의 자산이므로
세상을 위해 써야 비로소 선지식이다.

● Key Point

수행은 좌선·금식·암송 같은 형식에 머무는 것이 아니라, 지식을 쌓고 사회에 공헌해 인류 전체에 이로운 가치를 남기는 삶이다. 진정한 수행자는 신통을 뽐내는 자가 아니라, 삶에서 배운 지식을 바르게 정리해 세상에 내어놓는 자이다. 그렇게 쌓은 공덕은 윤회의 흐름 속에서 다음 생의 조건으로 돌아온다.

• In Short

수행의 오해와 실상
많은 이들이 좌선이나 독경, 금식 등을 수행이라고 여기지만, 이는 몸부림에 가까운 행위일 뿐이다. 참된 수행은 지식을 쌓고 사회에 공헌하는 것으로, 앉아 있다 죽었다고 해서 공덕이 생기는 것은 아니다.

전생의 집착이 다음 생의 과제가 된다
삶 속에서 해결하지 못한 집착은 다음 생의 출발점이 된다. 자식, 권력, 명예에 대한 미련이 클수록, 그 주제를 다시 공부하러 돌아오게 된다. 윤회는 집착의 연속이 아니라 배움의 반복이다.

신통과 깨달음은 다르다
예언, 투시, 타심통 등은 신통력이지 깨달음이 아니다. 신통은 무식의 극치를 통해 영적 능력이 생긴 것이지 깨달음을 통해 지혜가 열리는 것은 아니다. 지식 없는 신통은 도술에 불과하다.

공덕의 기준은 사회적 공헌
다음 생의 조건은 현생에서 사회에 어떤 공헌을 했는지에 따라 결정된다.

저서를 남기고, 진리를 전하고, 세상에 도움이 되는 지식을 나눈 사람은 그 공덕으로 발전된 사회에 다시 태어난다.

수행의 본질

오늘날 수행의 본질은 단순히 좌선을 하거나 경전 독송, 고행의 길을 가는 것이 아니고 삶 속에서 지식을 쌓고, 그 지식을 바탕으로 사회에 유익하게 펼치는 데 있다.

진정한 깨달음은 지식 위에 선다

무식한 수행자가 깨달음을 얻는다는 것은 환상이다. 지식을 완성한 자가 깨달을 때 비로소 선지식이 되며, 그런 자가 세상에 빛을 더한다. 수행은 지식의 완성과 깨달음의 결합으로 완성된다.

2013년 이후, 바른 수행자의 시대가 열린다

2013년부터 바른 수행을 마치고 깨달음을 얻은 이들이 세상에 나오기 시작한다. 이들은 단순한 수행자가 아니라 지식과 진리를 갖춘 선지식으로, 세상의 모순을 밝히고 새로운 시대를 여는 빛의 중심이 될 것이다.

- **My Record** (자유롭게 나의 생각과 깨달음을 기록해 보세요.)

✓ 내가 '수행'이라 믿었던 것들은 형식에 치우친 몸부림은 아니었나요?
✓ 내가 쌓은 지식은 나만을 위한 것인가요, 인류에 환원되고 있나요?
✓ 신통·특별한 능력에 집착하며 그것을 수행의 결과로 착각하고 있지는 않나요?
✓ 이 생에서 무엇을 남길 수 있으며, 그것이 다음 생의 조건을 만드는 공덕이 될 수 있을까요?
✓ 지식을 바르게 '쓰는 공부'는 지금 어디까지 와 있나요?

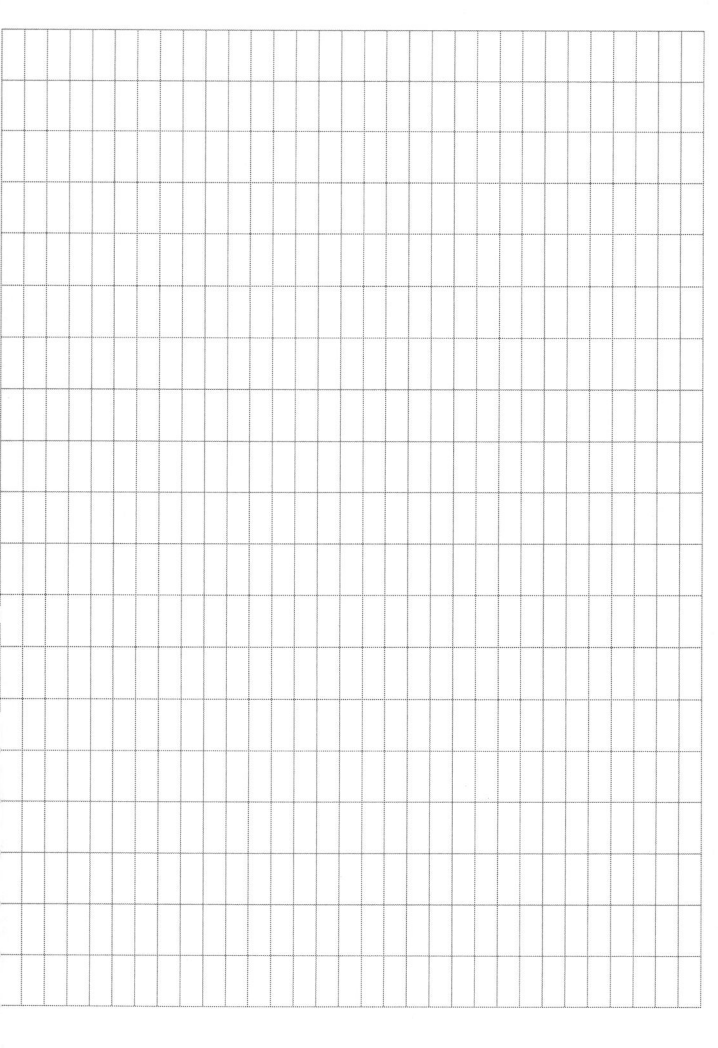

017

검사와 도둑

Q

검사와 도둑은 기운이 같다고 하셨는데, 전생에는 어떤 차이가 있어서 이생에서 신분이 갈리게 되는지 궁금합니다.

검사와 도둑의 기운은 같다.

● Key Point

인간의 신분이나 직업의 차이가 곧 인생의 우열을 뜻하는 것이 아니라, 같은 기운을 지닌 존재들이 각자의 위치에서 서로를 통해 배워야 할 과제를 수행하고 있다. 검사, 의사, 교도관과 같이 '사'자 직업을 가진 이들이 도둑, 환자, 죄수 등과 끊임없이 마주하는 이유는 단순한 역할 수행이 아니라 인생공부의 장으로 주어진 구조이다. 깨달음을 얻지 못하면 같은 인연이 반복되지만, 그 관계 속에서 기록하고 정리하며 사회에 공헌할 때 자연스럽게 신분이 바뀌고, 더 이상 그 인연에 머물지 않게 된다. 결국 삶의 변화는 사주의 차이가 아니라, 주어진 인연 안에서 무엇을 깨닫고 어떻게 공을 이루느냐에 달려 있다.

• In Short

검사와 도둑의 기운은 같다

검사와 도둑은 겉보기에는 정반대의 삶을 살고 있지만, 그들이 만나는 것은 우연이 아니다. 서로를 통해 배워야 할 과제가 남아 있기 때문에 끊임없이 마주치게 되어 있다. 이는 교도관과 죄수, 의사와 환자처럼 '사'짜 직업 전반에 적용되는 근본원리이다.

의사와 환자도 같은 맥락이다

환자를 치료하는 의사는 단순한 기술자가 아니라, 환자의 내면과 환경을 관찰하여 삶의 원리를 이해하고 정리함으로써 사회에 기여할 수 있어야 한다. 이를 통해 의사도 신분의 전환이 가능해지며, 존경받는 지도자의 길로 나아갈 수 있다.

죽음과 시신을 다루는 일도 공부의 현장이다

국과수 의사나 시신을 다루는 사람들 또한 죽음을 통해 생명의 본질을 배우는 역할을 맡고 있다. 다양한 인물들과의 상호작용을 통해 삶과 죽음, 인간의 본질을 정리하고 사회에 환원하는 것이 그들의 공부이다.

직업은 인생의 교과서

각자의 직업은 그 사람에게 주어진 공부의 장이다. 검사에게 범죄자는, 의사에게 환자는 살아 있는 교과서로, 그들을 통해 인간의 본성과 사회의 구조, 삶의 이면을 깊이 있게 배운다.

공부를 마치기 전까지는 같은 인연이 반복된다

검사나 교도관은 도둑이나 죄수와 함께하며, 그들을 관찰하고 이해하는 과정 속에서 배움을 얻게 된다. 이 배움을 정리해 책이나 보고서 같은 구체적인 성과로 남기고, 사회에 실질적 공헌을 하게 되면, 더 이상 그들과 같은 자리에 머물 필요가 없어진다.

• My Record (자유롭게 나의 생각과 깨달음을 기록해 보세요.)

✓ 나는 지금 내 앞에 반복적으로 등장하는 사람들과의 인연 속에서, 무엇을 배우고 있나요?

✓ 혹시 나는 역할에만 매몰되어, 상대를 통해 나에게 주어진 공부를 놓치고 있지는 않나요?

✓ 상대의 신분이나 모습만 보고 판단하며, 같은 기운을 지닌 존재임을 간과하고 있지는 않았나요?

✓ 누군가의 고통과 모순을 밝히는 공적 자산이 되기 위해 내 삶의 경험을 기록하고 있나요?

018

국익에 반하는 프로젝트에
참여해야 하나요?

Q

현대 외국계 기업에 근무 중인데, 회사에는 이익이 되지만 우리나라 국익에는 반하는 프로젝트에 참여하게 되어 고민입니다. 어떻게 해야 하나요?

나라를 걱정하는 사람이 나라의 주인이다.
인류를 걱정하는 사람이 인류의 주인이다.
불평불만하는 사람은 주인이 될 자격이 없다.

● Key Point

불평불만하는 이가 아니라 책임을 지고 행동하는 이가 진정한 주인이다. 이제는 우리가 국제사회로부터 받은 기술과 사상, 희생을 되돌려줄 때가 되었으며, 이는 물질이 아닌 지적인 설계를 통해 실현되어야 한다. 복지나 기아 같은 인류의 난제를 해결할 수 있는 패러다임을 대한민국이 제시할 수 있다면, 그것이 곧 국익이며 인류공영에 이바지하는 길이다. 진정한 국익은 눈앞의 이해득실을 따지는 데 있지 않고, 인류를 위해 대한민국이 무엇을 할 수 있는지를 자각하고 실천하는 데서 시작된다. 그것이 곧 '주인의 자격'을 얻는 길이다.

• In Short

외국계 기업의 참여는 우리 사회 문제의 반영이다
외국계 기업에서 일하게 되는 것은 우리나라의 경영 환경과 지도자의 문제에서 비롯된 것이다. 젊은이들이 외국 기업을 선택하는 배경에는 우리 사회의 내적인 모순과 리더십의 한계가 있으며, 이는 근본적으로 개선되어야 한다.

이제는 우리가 받은것을 인류에 환원해야 한다
대한민국은 국제사회로부터 수많은 지식, 기술, 희생을 통해 성장했다. 이제는 우리가 받은 것을 사회에 환원해야 하는 시점이며, 이는 물질이 아닌 지적인 기여로 이루어져야 한다. 이 원리를 모르면 결국 국제사회는 우리가 가진 것을 가져가려 할 것이다.

사회 환원은 지적 설계로 이루어져야 한다
인류가 직면한 기아, 복지 문제를 해결할 수 있는 해법을 우리 지식인이 설계할 수 있다면, 이는 인류에 대한 실질적 기여다. 해결책을 설계하는 것이 곧 환원이며, 이는 인류공영에 이바지하는 길이다. 여기에 대한민국이 중심이 되어야 한다

현재의 손해는 사회를 깨우치는 비용이다

지금의 국익 손실처럼 보이는 상황도, 우리 사회가 깨어나는 데 필요한 통증일 수 있다. 사회의 모순을 직접 경험하고 드러내는 것이야말로 더 큰 변화를 유도할 수 있는 기회다.

젊은이들의 선택은 정확하다

젊은 세대가 외국계 기업이나 글로벌 프로젝트에 참여하는 것은 단순한 일탈이 아니라 사회의 변화를 이끌어내는 자연스러운 움직임이다. 그 선택을 존중하고 지지해야 한다.

국익보다 더 큰 인류의 과제를 보라

진정한 국익은 좁은 시야로 보는 국가 이익이 아닌, 인류 전체의 과제를 해결하는 데 기여하는 것이다. 대한민국은 이제 인류사회에 신용을 얻고 중심적인 역할을 해야 한다.

• My Record (자유롭게 나의 생각과 깨달음을 기록해 보세요.)

✓ 지금 내가 걱정하고 있는 것은 단지 회사의 이익과 국가의 손해라는 계산일 뿐, 더 큰 차원의 시야는 놓치고 있는 건 아닐까요?

✓ 정말로 나라를 위한다면, 지금 무엇을 실천해야 주인의 자격을 얻을 수 있을까요?

✓ 국제사회로부터 받은 것들을 인류에 어떻게 돌려줄 수 있을지, 그 방법을 고민하고 있나요?

✓ 복지와 기아처럼 인류가 풀지 못한 과제를 향해, 내가 가진 지식과 실력을 쓰는 것이야말로 진정한 환원이 아닐까요?

✓ 눈앞의 이익을 따지는 마음을 내려놓고, 인류공영의 길에서 대한민국이 어떤 역할을 해야 하는지, 나는 그 일에 참여하고 있는 사람인가요?

019

자식 1
아이를 유산시킨 후
참회하고 싶은데

Q

결혼 후 형편이 어려워 아이를 유산시켰습니다. 시간이 지나며 죄책감과 후회가 밀려오는데, 어떻게 참회해야 할까요?

잘못을 깨우쳐 진심으로 흘리는 눈물은
뭉쳐있던 탁한 기운을 녹여,
몸을 정화시키고 병을 낫게 한다.

● Key Point

아이를 지운 뒤의 참회는 단순한 후회가 아니라, 대자연의 질서를 거스른 자신을 깨닫고 영혼에게 미안함을 전하는 정화의 과정이다. 인간이 죄책감을 느낀다는 것은 이미 진화된 의식의 신호이며, 그 눈물 속에는 사랑과 성장의 씨앗이 숨어 있다. 진심 어린 반성과 눈물은 하늘을 향해 비는것이 아니라, 스스로를 맑히고 잃어버린 생명과의 인연을 다시 빛으로 돌려보내는 행이다. 그 눈물이야말로 영혼의 공부이며, 나와 세상을 함께 치유하는 가장 깊은 수행이다.

• In Short

영혼의 점지 시점과 책임의 무게
100일이 지나면 태아에게 영혼이 점지된다. 그러므로 100일 이전의 낙태는 영적인 영향이 없지만 이후의 낙태는 영적인 책임이 커지며, 단순한 생물학적 행위를 넘어선 영적 문제로 확장된다.

자식은 죄를 사하려는 본능의 표현
아이를 갖고 싶어하는 마음은 전생의 죄를 갚고자 하는 무의식적 본능이다. 자식은 단순한 가족이 아니라, 자신의 업을 갚을 기회를 제공하는 존재인 것이다.

유산 후 떠도는 영혼의 형상들
영혼이 육신에 완전히 들어오기 직전에 유산되면, 그 영혼은 돌아갈 곳을 잃고 '구천에 떠도는 동자'로 머물게 된다. 이들은 꿈속에 나타나거나 삶에 영향을 주는 방식으로 존재감을 드러낸다.

빙의와 신체·정신적 고통의 연관성
떠도는 영혼은 억울함과 집착을 안고 있으므로, 빙의 현상으로 이어져 인간의 몸과 현실의 삶에 고통을 줄 수 있다.

이는 단순한 죄책감 이상의 실질적 어려움으로 연결된다.

영혼과의 교감으로 해결의 실마리 찾기

진심으로 사과하고, 아이의 안녕을 위해 기도하며 좋은 행위를 실천하는 것이 중요하다. 이는 영혼을 달래고 떠나보내는 첫걸음이며, 고통을 줄이는 효과적인 방법이다.

영적 세계를 아는 자의 도움

유산에 대한 죄책감은 영혼과의 문제가 해결되지 않았기 때문에 발생한다. 스님이나 목사, 무속인 등은 중재자로서 도움을 줄 수 있으나, 가장 중요한 것은 당사자가 그 일의 의미와 깊이를 이해하고, 영혼과 합의를 통해 문제를 다스리는 것이다. 앞으로는 이러한 영적 세계의 모순을 정리하여 후손들이 시달리지 않도록 해야 한다.

차원 세계와 현실 세계의 공존

현실과 영혼 세계는 분리되어 있지 않으며, 서로 영향을 주고받는다. 인간의 행위는 이 두 세계에 동시에 작용하며, 깨달음을 통해 조화롭게 정리할 수 있다.

- **My Record** (자유롭게 나의 생각과 깨달음을 기록해 보세요.)

✓ 나는 내가 지은 잘못을 단순히 후회로만 남겨두고 있지는 않은가요?
✓ 참회의 눈물이 단순한 슬픔이 아니라, 내 영혼을 정화하는 공부임을 깨닫고 있나요?
✓ 잃은 생명을 향해 "미안하다"는 마음을 전하며, 그 영혼이 빛으로 돌아가도록 기도하고 있나요?
✓ 나의 눈물이 나를 맑히고, 세상을 치유하는 수행의 길임을 진심으로 받아들이고 있나요?

020

자식 2
자식이 없는 이유

Q

자식으로 오는 것이 빚고리 때문이라면, 자식이 없는 사람은 전생에 빚이 없었던 것인지 궁금합니다.

이 세상에 온 것은
내가 해야 할 일을 하기 위해 온 것이지
자식을 낳기 위해 온 것이 아니다.

● Key Point

오늘날 우리는 자식의 유무로 삶의 가치를 판단하던 시대를 지나, 각자가 자신의 업을 직접 소멸해야 하는 지식사회에 살고 있다. 자식은 전생의 빚을 갚기 위한 인연일 뿐이며, 사회를 위해 보람 있는 삶을 살아가는 것이 더 큰 역할이다. 자식에게는 30%만 정성을 들이고, 나머지 70%는 반드시 사회에 써야 하는 것이 대자연의 법칙이며, 이것이 오늘날 인간에게 부여된 새로운 사명이다. 그러므로 우리는 자식을 위한 삶이 아닌, 인류를 위한 공적인 삶으로 전환해야 할 시점에 서 있다

• In Short

자식은 '빚고리'의 일부로 태어난다
자식은 전생의 직접적 혹은 간접적 '빚'을 청산하기 위한 인연으로 오는 것이다. 육신을 받아 이 세상에 태어난 목적은 바로 이 빚을 갚기 위함이다.

지적 공헌으로 빚을 갚는 시대
오늘날은 과거처럼 단순히 혈연관계를 통해 빚을 갚는 시대가 아니다. 이제는 사회에 지적인 방법으로 빚을 소멸해야 하는 지식사회다.

자식이 없어도 사회 공헌으로 업을 소멸할 수 있다
자식이 없다고 걱정할 필요는 없다. 자식이 없으면 사회를 위해 살아야 하고, 자식이 있다 해도 자식에게 쏟는 정성과 관심은 30% 이상 집착하지 말아야 하며, 나머지 70%는 반드시 사회에 공헌해야 한다. 이것이 대자연의 법칙이다.

세대간의 희생 비율 변화

부모 세대는 자식에게 70%를 희생하고 자신의 삶은 30%밖에 살지 못했지만, 지금 세대는 자식에게 30% 희생하고 나머지 70%는 자신의 삶을 살아가려 한다. 이는 자식에게 죄를 물려주지 않고, 자신의 업은 스스로 소멸해야 하는 시대의 전환을 의미한다.

자식에 대한 걱정은 하지마라

자식이 없다고 더 이상 고민할 필요는 없다. 이 시대는 자식보다 내 삶을 어떻게 살아 내느냐가 더 중요하며, 그 안에서 내 업을 직접 소멸해야 한다.

- **My Record** (자유롭게 나의 생각과 깨달음을 기록해 보세요.)

✓ 자식이 없다는 이유로 내 삶의 가치가 부족하다고 느낀적이 있었나요?

✓ 내 업을 자식에게 전가하려 하거나, 지나친 정성을 집착으로 바꾸고 있지는 않았나요?

✓ 사회를 위해 나의 정성과 시간을 쓰고 있는 지금의 삶, 과연 보람 있는 방향으로 가고 있나요?

✓ 나는 자식을 위한 삶이 아닌, 내가 해야 할 일을 찾고 그 길을 걷고 있는 사람인가요?

021

나만 바라보고 있어요

Q.

가족들이 집안의 모든 문제를 저에게만 의지하려고 합니다. 예전에는 당연하게 여겼지만, 점점 부담스럽고 피하고 싶어지는 제 마음이 잘못된 것일까요?

사기 치는 사람보다
사기당한 사람이 더 아프다.
누가 환자인가?

● Key Point

고통의 중심에 있는 자가 환자이며, 깨어나야 할 사람이다. 가족이 나에게 모든 문제를 기대고 있을 때, 그 흐름이 계속된 데에는 나의 역할도 있었다. 내가 그 자리에 머무는 한 가족은 변하지 않고, 고통은 반복된다. 이때 필요한 것은 희생이 아니라, 스스로 빠져나올 수 있는 결단과 용기이다. 조용히 떠나 홀로 성장한 뒤 돌아왔을 때, 가족은 오히려 나를 반가워하며 삶의 방향을 다시 잡게 된다. 문제의 중심에서 벗어나는 것, 그것이 바로 흐름을 되돌리고, 모두를 살리는 첫걸음이다.

● In Short

나를 중심으로 흐름이 고이는 이유
내가 집안의 중심에 머물고 있으면, 어려움이 나에게 집중된다. 내가 거기에 있기 때문에 흐름이 반복되는 것이다. 이는 개인의 문제가 아니라, 자연의 흐름이며, 대자연의 법칙에 따른 현상이다. 내가 빠져나가야 비로소 집안의 순환이 회복된다.

도망가는 것이 정답일까?
피하고 싶은 마음은 잘못된 게 아니라, 정확한 감각이다. 부모에게 말하거나 허락받지 말고, 조용히, 아무 말 없이 떠나라. 네가 빠져나가야 집안이 비로소 살아난다.

떠나야 할 때의 자세와 마음가짐
가족을 위해 남아있겠다는 마음은 결국 부모님을 더 힘들게 할 뿐이다. 내가 어려운 상태에서는 어느 누구에게도 도움이 될수 없다. 부모를 잠시 외롭게 할지라도, 내가 성공해 돌아오면 그들은 기쁨으로 맞아준다. 내가 없어도 부모는 절대 무너지지 않으며, 자연은 그들을 돌볼 새로운 환경을 반드시 만들어준다.

성공한 후 돌아와야 하는 이유

혼자서 열심히 살아 성공하면, 그동안 얽혀 있던 집안의 문제들도, 얽혀있던 일들도 자연스럽게 정리된다. 내가 해야 할일을 하는 것이 집안을 다시 살리고 부모에게 효를 행하는 것이다. 이것이 자리를 비운 자식이 해줄 수 있는 진짜 공헌이다.

자식의 자격, 부모의 선택

공부를 진심으로 하고자 하는 자식이라면, 부모는 마음이 움직여 집을 팔아서라도 자식이 원하는 것을 이루어 주려한다. 설득력 있고 절실한 호소가 있으면, 부모는 결국 감동한다. 그러나 생떼를 쓰는 자식에게는 결코 부모 마음이 움직이지 않고, 그 공부는 해봐야 소용이 없다.

가정의 법칙을 아는 지혜

가정에도 법칙이 있다. 이걸 모르고 감정대로 움직이면 서로 상처만 남는다. 자식이 어떤 사람인지, 어떤 흐름 속에 있는지 정확히 보고 판단해야 한다. 순리에 맞게 도와야 가정이 바로 서고, 그것이 대자연의 흐름이다.

- **My Record** (자유롭게 나의 생각과 깨달음을 기록해 보세요.)

✓ 지금 겪고 있는 고통의 구조 안에 계속 머무는 건, 혹시 '내가 있어야 한다'는 책임감 때문은 아닌가요?

✓ 가족을 위해 헌신하고 있다고 믿지만, 혹시 그 자리에 있는 게 오히려 모두를 더 힘들게 하고 있진 않나요?

✓ 나 하나의 결단이 가족의 흐름을 바꿀 수 있다면, 지금 이 자리에서 어떤 선택을 해야 할까요?

022

어제 정보로
오늘 사람을 대하지 말라

Q

과거에 나에게 잘못한 사람이 지금도 여전히 나쁜 사람인지, 어떻게 바라보고 대해야 할지 궁금합니다.

어제의 정보로 오늘 그 사람을 대하지 마라.
어제 당신이 보고 들었던 것을
답으로 고착시키지 말고,
오늘 상대를 만났으면 오늘의 말을 들어라.

• Key Point

과거의 경험이나 기억에 상대를 고착시키면, 우리는 그 사람의 변화된 모습은 물론 새로운 관계의 가능성도 놓치게 된다. 오늘 만난 사람은 오늘의 말과 에너지로 바라보아야 하며, 그 마음의 자세가 수행자의 기본이다. 지금 이 순간을 기준으로 상대를 존중하고 열린 마음으로 마주할 때, 나에게 필요한 에너지와 기회가 비로소 흐르기 시작한다. 이는 단순한 인간관계의 기술을 넘어, 삶의 에너지 흐름과 내적 성장의 중요한 법칙이다.

• In Short

마주한 지금 이 순간의 사람을 보라
사람은 하루아침에도 바뀔 수 있는 존재이기에, 과거의 정보로 현재의 사람을 판단해서는 안 된다. 오늘 만난 사람은 오늘의 존재로 바라보고, 현재의 대화와 느낌으로 새롭게 관계를 시작해야 한다.

과거는 과정일 뿐, 본질이 아니다
과거는 우리가 더 나은 삶을 살아가기 위한 과정이며, 그것 자체로 누군가를 규정해서는 안 된다. 상대를 과거에 묶어두면 현재의 변화 가능성을 놓치고, 진정한 관계 회복도 어렵다.

사람은 내게 가장 큰 에너지를 주는 통로다
자연으로부터 받는 에너지는 30%에 불과하고, 나머지 70%는 사람을 통해 전달된다. 가장 맑고 강한 에너지는 사람과의 만남 속에 주어지며, 내 앞에 온 사람은 곧 에너지의 공급원다. 내가 누군가와 마주한다는 것은 새로운 에너지와 변화의 계기를 얻는 것이므로, 이 만남을 소중히 여겨야 한다.

탁한 기운도 받아들이면 정화된다

상대가 부정적인 말을 하더라도, 내가 열린 마음과 고마운 자세로 받아들이면 그 탁한 기운은 맑게 정화되어 내 에너지를 더욱 강하게 만든다. 탁한 기운은 본래 무겁고 에너지가 크기 때문에, 이를 정화해 순환시킬 수만 있다면 오히려 더 큰 힘으로 전환된다.

상대는 나를 성장시키기 위한 존재이다

나를 속이거나 괴롭게 한 사람도, 결국은 나를 일깨우기 위해 내 앞에 나타난 존재이다. 이들을 미워만 하고 있으면 다른 어떤 기회도 보이지 않는다. 그러나 나를 성장시키기 위한 존재로 상대를 받아들인다면, 잃은 것은 회복되고 내 삶은 다시 제 방향을 찾아 흐르기 시작한다.

화낼 자격은 누구에게도 없다

상대가 나에게 상처를 주었더라도, 내가 그를 미워하고 화낼 자격은 없다. 대자연은 그런 권한을 우리에게 주지 않았다.

- **My Record** (자유롭게 나의 생각과 깨달음을 기록해 보세요.)

✓ 혹시 나는 여전히 누군가를 과거의 모습으로만 기억하며 대하고 있지 않나요?

✓ 오늘 만난 사람에게 과거의 인식 대신, 지금 이 순간의 말을 제대로 들어보았나요?

✓ 상대의 탁한 말이나 행동을 내 공부의 재료로 받아들일 준비가 되어 있나요?

✓ 나에게 상처를 준 사람을 아직도 미워하며, 내 삶의 흐름을 스스로 막고 있지는 않나요?

023

공적인 삶 1
자존심

Q

공적인 삶을 살고자 노력하지만, 자존심과 주변 시선에 주춤하게 됩니다. 자존심을 놓기 위해 어떻게 해야 합니까?

공인은 직업이 없다.
삶 그 자체로 사회를 위해 존재한다.

• Key Point

공인이란 단지 공적 자리에 있는 사람이 아니라, 사사로움을 넘어선 삶의 자세를 갖춘 자를 말한다. 공인이 되기 위해서는 자존심을 조율할 줄 아는 분별력이 필요하다. 자존심은 기운이 크고 줏대 있는 성품이지만, 어려움 속에서 고집처럼 작용할 경우 오히려 자신을 무너뜨릴 수 있다. 공적인 사람은 자존심을 내려놓고 겸손해질 때 비로소 바른 흐름을 탈 수 있으며, 자신의 고집이나 이익이 아닌 만인의 덕이 되는 방향을 선택한다. 이는 곧 지식과 깨달음을 겸비한 선지식이 되어 사회 전체에 공헌하는 삶을 살아가는 것이다.

• In Short

어려울수록 자존심을 내려놓고 지극히 겸손하라

몸이 아프거나 경제가 어려울 때 자존심을 부릴수록 더 큰 아픔이 온다. 자존심을 내려놓고 지극히 겸손해질 때 몸도 낫고, 경제도 회복된다. 이것이 대자연이 우리에게 가르쳐주는 법칙이다.

공과 사의 분별이 자존심을 조율한다

자존심은 기운이 크고 줏대가 있다는 의미로 그것이 꼭 나쁜 것은 아니다. 하지만 자존심을 언제 부리고 언제 놓아야 할지를 알아야 한다. 인간에서 사람으로 공적인 삶을 살때 자연스럽게 자존심을 조율할 수 있다.

공인의 정의

공인이란 사적인 이해관계를 초월하여, 모든 이에게 이로움을 주는 삶을 실천하는 사람이다. 그는 자신의 고집과 논리를 앞세우지 않으며, 가족·종교·학연·지연과 같은 사사로움을 내려놓고, 만인에게 덕이 되는 일, 만인이 이해하는 길을 걷는다. 진정한 공인은 지식에 깨달음을 더한 '선지식'으로서, 백성과 나라, 인류를 위해 일하는 존재이다. 그는 하늘의 힘을 받아 모순없는 사회 구조를 설계하며, 인류 문명의 방향을 바르게 이끄는 사람이다.

지식에서 선지식으로, 그리고 공인으로

지식인은 깨달음을 통해 하늘의 힘을 얻게 되며, 선지식으로 전환된다. 선지식이야말로 진정한 공인으로서 백성, 나라, 인류를 위해 일하는 존재가 된다.

지금 시대에는 공인 자리는 있어도 공인은 없다

우리는 지금까지 공인의 역할과 모습을 분별하는 시대, 즉 선천시대를 살아왔다. 공인자리는 있었으나, 그 자리에 걸맞은 사람은 없었다. 그러나 2013년부터 인본시대가 시작되었으며, 동방예의지국인 대한민국에서 공인이 처음 탄생하게 된다. 이는 정법시대를 여는 사건이며, 인간 중심의 시대가 도래했음을 뜻한다.

복지 문제의 본질적 해결은 공인을 통해 이루어진다

지금까지의 복지정책은 임시방편에 불과했다. 그러나 공인이 등장하면 모순 없는 사회 설계를 통해 복지 문제의 근본적 해결이 가능해진다.

- **My Record** (자유롭게 나의 생각과 깨달음을 기록해 보세요.)

✓ 나는 지금, 자존심을 '기운'으로 바르게 쓰고 있나요, 아니면 내 발목을 잡는 고집으로 쓰고 있나요?

✓ 어려운 상황에서 겸손해지지 못하고 자존심을 내세운 적은 없었나요? 그 결과는 나에게 어떤 신호를 주었나요?

✓ 내 삶은 아직 사적인 이해관계에 묶여 있지는 않나요? 공인의 길로 나아가기 위해 놓아야 할 것은 무엇인가요?

✓ 내가 가진 지식은 나만을 위한 도구인가요, 아니면 세상에 이로움을 주는 선지식의 씨앗인가요?

✓ 지금 나는 '공인의 자리'에 있는 사람인가요, 아니면 진정한 '공인'인가요?

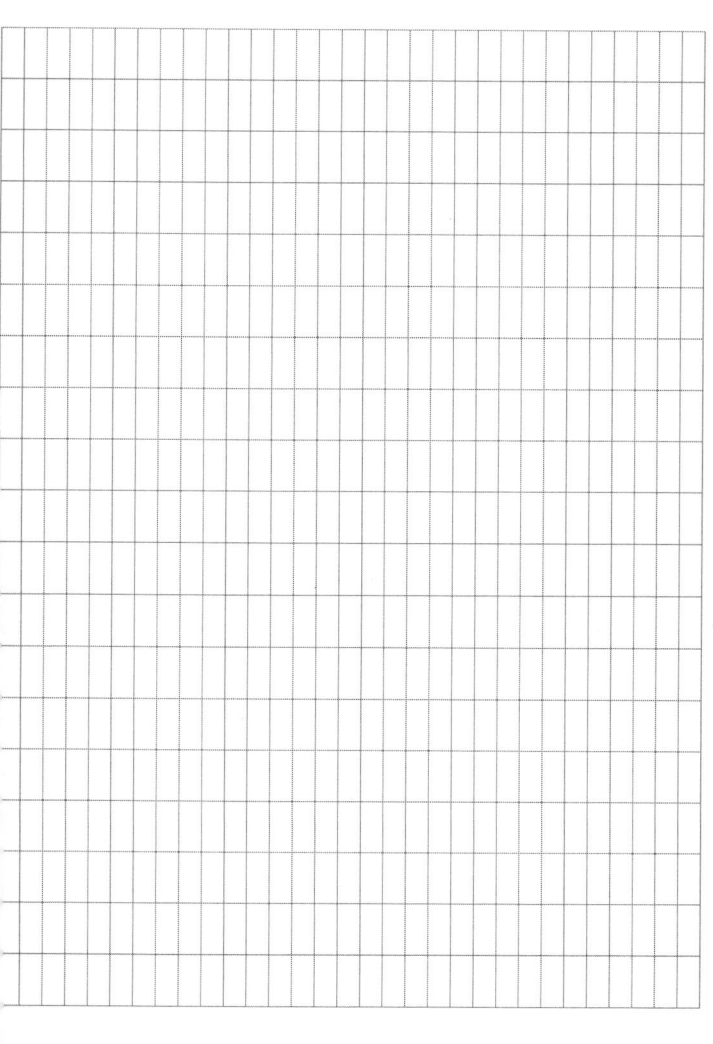

024

공적인 삶 2
봉사

Q.
복지와 봉사의 본질은 무엇이며, 어떻게 해야 진정한 공적인 삶을 실현할 수 있는가?

대자연은 무슨 일이든 예고 없이 주지 않는다.
점점 가까이 어떤 일이 보이고 들린다면,
그것은 나에게 다가올 일을
미리 알리는 대자연의 경고임을 알아차려라.

• Key Point

대자연은 어떤 일도 예고 없이 주지 않는다. 삶에서 겪는 모든 고통과 위기는 갑작스러운 사고가 아니다. 삶에는 언제나 3:7의 법칙이 작용한다. 30%일 때는 뉴스나 미디어를 통해 간접적으로, 70%에 가까워지면 주변 사람들의 이야기를 통해, 그리고 70%를 넘어서면 결국 내가 직접 겪게 된다. 진정한 봉사란 이러한 경고의 흐름을 공부하고, 다른 사람의 고통을 통해 내 삶을 미리 점검하고 바로잡는 행위이다. 봉사는 '도움'이 아니라 '공부'이며, 잘못된 봉사는 자신을 복지 수급자의 길로 이끌 수 있음을 경계해야 한다.

• In Short

봉사의 본질은 '도움'이 아니라 '공부'

봉사는 단순히 남을 돕는 행위가 아니라, 어려워진 사람들의 삶을 통해 그들이 왜 그렇게 될 수밖에 없었는지를 깊이 들여다보는 공부이다. 그들의 삶을 연구하여 더이상 그들과 같은 삶을 사는 사람이 없도록 바로잡는 것이 참된 봉사의 목적이며, 그렇지 못한 봉사는 오히려 자신을 더 어렵게 만들 수 있다.

현재의 복지 시스템은 근본적인 해결책이 아니다

2차 세계대전 이후 국민 수는 두 배 증가했지만, 복지 수급자는 수십 배 증가했다. 이는 지금의 복지시스템이 임시방편에 불과하며, 근본적인 문제를 해결하지 못한 결과이다.

지식인의 역할과 복지의 방향

복지 문제를 해결하기 위해서는 지식인의 각성이 필요하다. 지식인은 사회 구조를 꿰뚫어보고, 복지의 진정한 방향성을 제시할 수 있어야 하며, 소외된 계층이 즐겁게 살 수 있는 구조를 만드는 데 앞장서야 한다. 이것이 진정한 복지사업이다.

돈을 벌려는 목적에 따라 운명이 갈린다

과거 세대는 '가족을 살리기 위한' 당위성으로 돈을 벌었지만,

지금은 개인적 욕심에서 출발하기 때문에 그것이 이루어지지 않는 것이다. 대자연은 공적 동기에는 보상을 주지만, 사적 욕심에는 냉정하다.

지식인의 시대, 돈보다 지혜가 필요한 이유

돈보다 지식을 갖춘 지식인은 깨달음을 통해 지혜를 열어야 한다. 지혜를 열면 세상을 운용하는 법을 알게 되고, 세상을 운용하는 힘을 갖게 된다. 돈은 바른 세상을 만들기 위해 모아 놓은 것이므로, 지식인들이 세상을 바르게 운용하면 돈은 저절로 움직인다.

3:7의 법칙과 삶의 경고 신호

삶에는 언제나 3:7의 법칙이 작용한다. 어떤 어려움도 예고 없이 찾아오는 법은 없다. 대자연은 경고를 세 단계로 나누어 보낸다. 처음 30%쯤 다가올 때는 뉴스나 매스미디어를 통해 간접적인 신호가 주어지고, 70%에 가까워지면 주변 사람들의 이야기를 듣는 단계를 지나 70%를 넘어서면 내 눈에 보여지는 직접적인 경고가 주어진다. 이는 모든 위기 상황에 동일하게 적용되는 자연의 법칙이다.

잘못된 봉사의 파장

잘못된 봉사는 오히려 본인과 가족을 복지 수급자의 길로 이끌 수 있다. 진정한 봉사는 동정이 아닌 배움의 자세로 임해야 하며, 그럴 때 나도 성장하고 상대도 실질적인 도움을 받는다.

- **My Record** (자유롭게 나의 생각과 깨달음을 기록해 보세요.)

✓ 요즘 내 주변에서 자꾸 들려오는 '어려운 사람들의 이야기'는 혹시 내 삶에 대한 경고는 아니었을까요?

✓ 나는 봉사를 '도움'이라고만 여겨 왔던 것은 아닌가요?

✓ 그들의 삶에서 내가 배워야 할 진짜 이유를 찾으려 한 적이 있었나요?

✓ 사회에 소외된 사람들을 향한 나의 시선은 '연민'인가요?

025

공적인 삶 3
어려움

Q
복지와 봉사의 본질은 무엇이며, 어떻게 해야 진정한 공적인 삶을 실현할 수 있는가?

진정한 도움은
바른길을 가도록 이끌어 주는 것이다.

• Key Point

봉사와 복지의 본질이 '도움'이 아니라 '공부'임을 잊지 말아야 한다. 진정한 도움은 단순히 상대의 고통을 덜어주는 데 그치지 않고, 스스로 바른 길을 깨닫고 그 길을 걸어갈 수 있도록 이끌어주는 데 있다. 상대의 삶을 관찰하고 삶의 패턴을 분석해, 같은 어려움을 반복하지 않도록 하는 것이 진정한 복지의 역할이다. 물질만으로 돕는 행위는 오히려 상대를 수급자나 의존자로 만들 수 있으며, 그것은 참된 도움이 아니라 함께 무너지는 길이 될 수 있다. 결국 바른 분별로 상대가 스스로 설 수 있도록 돕는 것, 그것이 진정한 복지의 시작이다.

• In Short

봉사의 진짜 목적

대자연은 우리가 잘못된 방식으로 살아갈 때 간접적으로 경고하고, 그래도 깨닫지 못하면 직접 어려운 상황을 체험하게 한다. 봉사는 자신이 깨달음을 얻기 위한 공부의 현장이므로, 누군가를 돕는다는 생각보다 내가 무엇을 깨달아야 할지 정확히 정리하고 배워야 한다.

진정한 복지는 바르게 살도록 이끌어주는 것.

단순히 불쌍하다고 물질로만 돕는다면, 오히려 상대를 평생 의존하게 만들고 결국 자신마저 어려움에 빠뜨리게 한다. 그들이 왜 그런 어려움을 겪게 되었는지 삶의 습관을 관찰하여 자료로 남기고, 그것으로 인해 많은 이들이 같은 어려움을 겪지 않게 해 주어야 한다. 냉철한 분별력으로, 남탓만을 하고 있는 자는 절대 돕지마라.

자신에게 주어진 일의 단위를 바르게 분별해야 한다

현재 나의 경제적 수준에 맞는 일의 단위를 파악해서 나에게 맞는 일을 해야 한다. 일을 주는 사람도 상대의 경제적 수준을 알아차리는 것이 중요하다.

예를 들어, 십만원 단위의 경제운용이 수월한 사람은 백만원 단위의 일은 충분히 소화할 수 있고, 백만원 단위의 경제운용이 수월한 사람은 천만원 단위의 일은 충분히 소화할 수 있으며, 그 일이 지금 할 수 있는 일이다. 이런식으로 지금 내가 운용할 수 있는 경제가 어느정도인지 파악해 지금 할 수 있는 일을 하면서 단계적으로 성장해야 한다. 자신의 수준을 넘어선 큰일을 탐하면 분명히 문제가 생긴다.

신용도를 쌓는 것이 어려움을 해결하는 핵심

작은 일이라도 자신에게 주어진 일에 감사하며 정성을 다하면 100일만에 삶의 흐름이 바뀌고, 1년이면 환경이 완전히 달라질 수 있다. 천천히 가는 길 같아도 그것이 정확한 길이며 가장 빠르게 어려움에서 벗어나는 방법이다.

- **My Record** (자유롭게 나의 생각과 깨달음을 기록해 보세요.)

✓ 나는 누군가를 도울 때, 그의 감정을 달래주는 데 집중했나요, 아니면 삶의 방향을 함께 찾도록 도왔나요?

✓ 내가 건넨 말과 행동은 상대를 의존하게 만들었나요, 아니면 스스로 일어설 수 있는 힘을 주었나요?

✓ 지금 내가 하는 봉사나 복지는 진정한 '공적인 삶'으로 연결되고 있나요, 아니면 나의 안타까움만을 해소하려는 감정적 행위였나요?

026

물질봉사와 재능봉사

Q

어려운 사람에게 물질을 직접 제공하는 것이 바른 봉사가 아니라면, 그 물질을 가지고 우물을 파주거나 집을 지어주는 것은 괜찮은지 궁금합니다.

세상에서 일어나는 모든 일에는
원인이 존재한다.
어떤 일이든 바르게 정리하려면
원인부터 찾아야 한다.

● Key Point

세상에서 일어나는 모든 일에는 반드시 그럴 수밖에 없는 원인이 있으며, 그 원인을 바로 보지 않으면 어떤 문제도 제대로 해결할 수 없다. 어려운 사람을 도울 때, 단순한 동정이나 물질 지원보다 먼저 그 사람이 왜 그런 삶에 처하게 되었는지를 관찰하고 이해해야 한다. 삶의 구조를 바르게 파악하고, 그 안에서 스스로 깨달을 수 있도록 이끄는 것이 진정한 봉사이며, 무조건적인 지원은 오히려 성장의 기회를 빼앗는 결과를 초래할 수 있다. 그러므로 도움을 주기 전에 먼저 원인을 찾아야 한다.

• In Short

봉사의 본질은 '사람을 만드는 일'

봉사는 단순히 어려운 사람을 도와주는 것이 아니라, 다시 일어설 수 있도록 도와주는 것이다. 우선 그 사람이 왜 어렵게 살고 있는지를 파악하고, 인성교육을 통해 바른 삶의 방향을 제시하는 것이 중요하다.

어려운 사람은 이유가 있어서 어렵게 살고 있다.

봉사를 돕는다는 마음만으로 접근하면 신(대자연)이 그 사람을 어렵게 한 진짜 이유를 찾을 수 없다. 그 사람이 왜 어려운 처지에 놓였는지를 먼저 살펴보고, 어렵고 아픈삶의 원리를 깨우칠 수 있도록 기록으로 남겨야 한다. 진정한 봉사는 물질이 아니라, 사람을 일깨우는 공부이며, 그 사람의 변화와 성장을 이끄는 일이다.

물질보다 중요한 것은 '관찰과 소통'

도움은 한번에 필요한 물질만을 주는 것이 아니라, 그 사람의 내면을 살피는 일이다. 처음에는 그들이 필요로 하는 것을 전하며 그들의 반응을 지켜보고, 삶에 대한 의지가 있는지를 살펴야 한다. 단순한 동정이 아니라, 변화의 가능성을 함께 찾는 과정이 먼저다.

조건 없는 지원은 오히려 독이 될 수 있다

어려운 환경은 그 사람에게 주어진 배움의 기회이기도 하다. 그 의미를 깨닫기도 전에 집을 지어주고, 우물을 파주는 식의 무조건적 지원은 깨달음을 가로막고 오히려 그 환경에 안주하게 만든다.

NGO의 역할 재정립: 기회를 제공하라

학교를 지어주거나 집을 제공하는 것이 아닌, 그 지역 사람들이 스스로 일할 수 있는 프로젝트를 설계해 함께 해야 한다. 기술과 일거리를 가지고 가서 자립의 구조를 만들고 그 과정속에 교육을 통한 성장이 있어야 진정한 도움이 된다.

인류대민봉사의 시대

이제는 인류 전체를 위한 구조적 봉사 설계가 필요하다. 대한민국은 이미 이러한 기술과 인재를 갖추고 있으며, 이를 기반으로 인류 기아 해결을 위한 프로젝트를 실행해야 한다.

- **My Record** (자유롭게 나의 생각과 깨달음을 기록해 보세요.)

✓ 나는 누군가의 어려움을 마주했을 때, 그 원인을 먼저 이해하려 했는가, 아니면 감정에 이끌려 도우려 했는가?
✓ 내가 건넨 도움이 상대가 스스로 일어설 수 있게 하는 힘이 되었을까요?
✓ 오늘 내가 행한 봉사는 '기억될 만한 일'이었나요, 아니면 나의 안도감을 위한 '기분 좋은 일'이었나요?

027

| 청년취업

Q

대학 졸업 후 집에서 취직하지 않고 지내는 자녀에게 부모가 먹여주고 재워주는 것이 잘못된 것인지 궁금합니다.

직장은 먹고살고자 가는 곳이 아니라
성장하기 위해 가는 사회 학교이다.

● Key Point

직장은 단순히 돈을 벌기 위해 나가는 곳이 아니라, 자신을 성장시키기 위한 '현장 학교'이다. 학교공부를 마친 청년은 20~30대에 이르러 사회로 나와야 하고, 이 시기는 곧 '사회공부'의 시기이다. 이때의 직장생활은 곧 현장에서 실력을 쌓고 사회의 구조를 배우는 과정이므로, 받는 보수보다 배우는 자세가 더 중요하다. 실력을 갖춘 사람은 결국 40대에 이르러 사회가 먼저 찾아내는 인재가 된다. 따라서 청년실업의 해법도 직업을 바라보는 관점을 바꾸는 데서 시작된다. 사회는 곧 공부의 연장선이며, 그 안에서 성실히 성장한 자만이 진짜 대우를 받을 수 있다.

• In Short

청년실업은 부모의 책임
자녀가 스스로 자립하지 못하고 있다면, 이는 부모가 자식을 제대로 키우지 못했기 때문이다. 따라서 부모가 자식을 책임지고 먹여 살리는 것은 당연한 일이다. 자녀교육의 책임은 부모에게 있다.

사회는 일할 사람을 기다리고 있다
사회는 돈 벌 사람이 아니라 '일할 사람'을 기다리고 있다. 그러나 청년들은 일할 자리를 찾기보다 돈 벌 자리를 찾고 있기 때문에 사회에서 갈 곳이 없어지는 것이다.

20~30대는 사회공부의 시기
학교공부를 마친 후 30대까지는 사회를 배우는 '현장공부' 시기이다. 이 시기에는 돈을 벌기보다 일하면서 사회에 대해 배우며 실력을 갖추어야 한다. 이 과정 자체가 공부이다. 이때는 사회가 경비를 주며 공부를 시키는 구조이다.

40대는 실력 발휘의 시기

10대에 학교공부, 20~30대에 사회공부를 마치고 나면, 40대에는 본격적인 실력 발휘의 시기가 온다. 이 시기에 준비가 잘된 사람은 중간 간부급 이상으로 대우받으며 사회에서 자리를 잡는다. 실력 있는 사람은 사회가 먼저 탐낸다.

지식인의 사회 진입 방식

지식을 갖춘 사람은 사회적 역할을 수행할 수 있는 자리에 맞는 공부를 해야 한다. 그렇지 않으면 실력 없는 지식인이 되어 쫓겨나게 된다. 사회는 실력 있는 사람만을 원하며, 지식은 실력과 함께 갖춰져야 한다.

청년실업의 해결 방법

청년들이 분별력을 갖추고 바르게 교육받으면 실업 문제는 자연히 해결된다. 지금 필요한 것은 실력을 쌓아 사회에 기여할 수 있는 올바른 가르침이다. 미래를 여는 교육이 되어야 한다.

- **My Record** (자유롭게 나의 생각과 깨달음을 기록해 보세요.)

✓ 나는 지금 '돈을 벌기 위해' 일하고 있나요, 아니면 '성장하기 위해' 사회에 나와 있나요?

✓ 사회를 공부하는 이 시기를 감사히 여기고 있나요, 아니면 조급함에 갇혀 있진 않나요?

✓ 내가 구한 일자리는 실력을 쌓을 수 있는 현장이었는지, 단지 조건만 따지고 있는 곳인지 되돌아보세요.

✓ 지금 하는 일이 적성에 맞지 않는다고 느낀다면, 내가 아직 실력을 갖추지 못한 것은 아닌지 점검해보세요.

028

기도하면 잘못을
용서 받을 수 있나요?

Q

상대방과의 갈등이나 실수로 인해 잘못을 범했을 때, 혼자 기도나 축원을 하면 용서받을 수 있는지 궁금합니다.

평소에 내가 하는 말이 곧 축원이다.

• Key Point

기도란 정해진 자리에 앉아 읊조리는 의식이 아니다. 일상 속에서 우리가 내뱉는 말과 행동, 그리고 타인을 향한 태도 모두가 하늘에 닿는 직접적인 축원이자 기도이다. 내가 누군가를 배려하고 덕되게 말하고자 한다면, 그 의도는 곧 천상에 전달되며 대자연은 이를 정확히 감지한다. 겉으로 빌며 용서를 구하는 것보다, 진심 어린 실천과 자중된 태도가 진정한 용서이며 참된 기도이다.

• **In Short**

기도의 본질

지금까지의 기도는 기복신앙이나 무지에 기반한 것이 많았다. 인간은 부족할 때 매달리게 되고, 그런 삶은 동물적인 삶이다. 인본시대로 접어드는 지금은 당당하게 살아야 하며, 빌고 무릎 꿇는 삶에서 벗어나야 한다.

새로운 시대의 삶의 방식

인간은 어디에도 비굴하게 무릎 꿇지 않고, 스스로 할 일을 하며 살아가야 하는 존재이다. 바르게 분별하며 덕을 쌓고, 보람 있는 일을 행하는 것이 사람다운 삶이다. 기도란 삶 속에서 실천으로 바뀌어야 한다.

진정한 교회의 역할

교회나 절은 단순히 소원을 빌기 위한 장소가 아니라, 자신의 잘못과 부족함을 배우고 깨우치는 학습과 회합의 장소가 되어야 한다. 자신을 돌아보고 타인과의 관계에서 생긴 잘못을 점검하고 개선하도록 노력하는 모임이 되어야 한다.

용서는 겸손한 태도에서 시작된다

상대에게 직접 사과하지 못하는 상황이라면, 스스로 입을 닫고 고개를 숙이며 겸손하게 행동하는 것이 중요하다. 그렇게 자중하는 시간이 쌓이면 상대의 마음이 열리고, 자연스러운 화해의 길이 열린다.

진심은 결국 통하고, 신은 모든 것을 알고 있다

겉으로 깨끗한 척 해도 속마음을 속일 수는 없다. 뉘우치고 바로 살겠다는 진심 어린 실천이 곧 용서로 연결된다.
신은 우리가 하는 모든 행위와 마음가짐까지도 알고 있다.

기도의 패러다임 전환

타인을 대하는 태도와 행동 자체가 직접적인 기도이며 축원이다. 일상 속에서 스스로를 반성하고 바르게 살려는 노력과 회합을 통한 대화와 행동은 모두 천상으로 올라가는 살아있는 기도이다. 그러므로 진정한 반성과 변화 없는 형식적인 기도는 의미가 없다.

스스로 다스리는 삶

잘못된 행동을 반복하지 않고 스스로를 조율하며 살아가면 특별히 용서를 구하지 않아도 자연스럽게 용서받고 더 좋은 삶으로 발전한다. 이러한 자기 조율이 바로 기도의 실천이며, 인간이 동물과 구별되는 점이다.

- **My Record** (자유롭게 나의 생각과 깨달음을 기록해 보세요.)

✓ 오늘 내가 한 말 중, 누군가에게 위로가 되었거나 기운을 북돋아준 말은 있었나요?
✓ 혹시 누군가를 험담하거나, 무심코 상처 주는 말을 하지는 않았나요?
✓ 나는 잘못했을 때 말로만 사과하기보다, 태도와 행동으로 책임지려 노력하고 있나요?
✓ 축원과 기도를 의식적인 시간에만 하고, 일상의 말과 행동은 따로 생각하고 있진 않나요?
✓ 지금 이 순간, 나의 삶 자체가 하늘에 닿는 기도라는 사실을 잊지 않고 있나요?

029

남을 도와주고 싶은데

Q

주위의 어려운 형제들에게 경제적 도움을 주고 싶은데, '내게 들어온 돈을 함부로 쓰지 말라'는 말씀과 어떻게 균형을 맞춰야 할지 궁금합니다.

어려운 자는 절대 남을 도울 수 없다.

• Key Point

'어려운 자'란 단순히 경제적으로 가난한 사람을 의미하는 것이 아니라, 삶의 구조가 바로 서 있지 않은 사람을 말한다. 이러한 상태에서는 아무리 선한 뜻으로 도와주려 해도, 결국 상대를 망치게 되는 결과를 낳는다. 물질적으로 어려운 사람에게 조건 없이 돈을 주는 것은 하늘이 의도한 교정과 성장의 기회를 가로막는 행위이다. 진정한 도움은 감정이나 동정심이 아니라, 삶의 구조와 흐름을 분별하는 힘에서 시작된다. 상대에게 일을 맡기고 그에 합당한 대가를 지급하는 '맞교환'의 방식이 되어야 한다. 그래야 상대는 자존심을 지키며 스스로 일어설 수 있고, 돕는 자도 하늘의 뜻을 거스르지 않게 된다.

• In Short

도움은 '공간과 조건'을 먼저 살펴야 한다
상대의 삶의 상태와 흐름을 먼저 관찰하고 구조를 읽는 것이 진정한 도움의 시작이다. 단순한 동정이나 감정이입은 오히려 해가 될 수 있다.

조건 없는 금전 제공은 인생을 망친다
습관과 태도가 잘못된 사람에게 조건 없이 금전을 제공하면, 오히려 그 사람의 삶의 방향을 흐리고 자립의 기회를 빼앗는 결과를 낳는다.

최고의 도움은 '가치 교환'이다
상대에게 할일을 만들어 주고 대가를 지급하는 방식이 올바른 구조이다. 이를 통해 자존과 책임감을 길러주며, 스스로 일어설 수 있게 돕는 것이다.

'돕는다'는 착각은 스스로의 교만에서 나온다
상대를 위한다는 명목의 지원은 실제로는 자신의 우월감을 만족시키는 경우가 많다. 그러한 자세는 결국 상대에게도 자신에게도 해가 된다.

부모의 관점으로 바라보라
자녀가 버릇을 고치도록 용돈을 줄이지, 미워서 끊는 것이 아니듯, 하늘 또한 사람을 살리기 위해 어렵게 만드는 것이다. 이 뜻을 이해해야 한다.

정확한 도움은 하늘과 부모를 돕는 것이다
상대가 자립하고 자신의 업을 벗어날 수 있게 돕는 것은, 그 사람의 부모와 하늘이 하고자 하는 일을 도와주는 것이며, 참된 공덕이 된다.

냉철한 판단이 진짜 사랑이다
상대를 진심으로 아끼고자 한다면 감정이 아니라 원인을 직시해야 한다. 진정한 사랑은 냉철한 이성 위에서만 가능하다.

• My Record (자유롭게 나의 생각과 깨달음을 기록해 보세요.)

✓ 지금 누군가를 돕고자 하는 마음이, 나의 우월감에서 비롯된 것은 아닌가요?

✓ 누군가에게 도움을 주기 전, 그 사람의 삶의 구조와 반복되는 흐름을 충분히 관찰하고 이해하려는 노력을 했나요?

✓ 내가 가진 물질이나 시간, 재능을 '바르게 쓰는 방법'에 대해 깊이 고민해 본 적이 있나요?

✓ 내가 베풀었던 도움 중, 상대가 스스로 일어설 수 있도록 만든 사례가 있었나요?

030

이 시대
아버지상과 여성 1

Q

오늘날 50대 이상 아버지들이 사회적 성공 뒤에도 가정에서 역할이 줄어 소외감과 회의감을 느낀다고 하는데, 진정한 아버지상은 무엇입니까?

사회생활을 하며 막힘이 있을 때,
지혜로운 대화로 그 막힘을
풀어줄 수 있어야 한다.
이것이 내조다.

● Key Point

과거의 내조가 가정 안에서 남편을 뒷바라지하는 일이었다면, 오늘날 여성의 내조는 사회 전반의 막힘과 혼란을 살피고, 지혜로운 통찰과 설계로 새로운 흐름을 제시해야 한다. 남성이 1차적으로 일으킨 사회 기반 위에, 여성의 지혜로 사회의 방향을 설계할 때 비로소 음양의 이치가 맞아떨어지고, 참된 아버지상과 어머니상이 세워진다. 이제 여성은 '만백성의 어머니'로서, 백성의 고통을 자신의 고통처럼 여기며 사회를 살피고 운용하는 이 시대의 중심이 되어야 한다.

• In Short

남성의 1차적 역할과 공적 성공

폐허 속에서 경제 재건에 힘쓴 아버지 세대는 생계의 책임을 다하며 가정의 권위를 세웠다. 외적으로는 공로와 권위를 인정받았지만, 내면적 성숙과 정서적 소통의 역할은 비워진 채 남겨졌다.

여성의 '내면을 갖추는 과제'

남성이 밖에서 경제재건이라는 1차적 역할을 완수 할때, 여성은 안에서 陰으로 실력을 갖추어야 했다. 그러나 이를 가르쳐준 이도, 자각한 이도 없었고, 자녀 양육과 여가에 집중하며 머무르는 사이 가정과 사회의 균형은 무너지고 말았다.

남성과 여성 '상像'의 공백

남성은 1차적 역할을 마쳤지만 다음 과업을 찾지 못했고, 여성은 내면 실력을 갖추지 못한 채 사회로 나왔다. 결국 누구도 상징이 될 만한 존재가 되지 못해, 오늘날 '아버지상'과 '어머니상'은 함께 공백 상태에 놓여 있다.

여성 CEO와 '모'의 본질

여성 CEO의 증가는 외형적 성공처럼 보일 수 있지만, 내면의 사명의식 없이 경영에 임할 경우 내부 갈등과 몰락으로 이어질 수 있다. 이 시대에 필요한 여성상은 성공한 경영자가 아니라, 백성의 고통을 내 일처럼 여기며 살피고 연구하는 '만백성의 어머니'이다.

모임 문화와 창출의 시기

실력을 갖춘 여성들이 밖으로 나와 모이는 현상은 거대한 '핵'이 형성되는 것이다. 지금은 에너지만 모일 뿐 방향이 없지만, 머리를 맞대어 새 창출을 설계하는 순간, 사회는 빛을 발하고 남성의 2차 과업 역시 살아난다.

2차 과업과 음양의 회복

남성이 국가와 사회 기반을 일으킨 지금, 여성이 중심이 되어 사회구조와 방향을 설계해야 다음 진보가 일어난다. 이 설계가 제시될 때, 남성은 2차적으로 그 콘텐츠를 실현하며 다시 움직이게 되고, 음양의 균형이 회복되어 참된 아버지상과 어머니상이 비로소 세워진다.

- **My Record** (자유롭게 나의 생각과 깨달음을 기록해 보세요.)

✓ 가정과 사회에서 막힘을 느낄 때, 문제를 해결하는 지혜로운 대화를 시도하고 있나요?

✓ 누군가 나를 찾아왔을 때, 그 사람이 겪는 어려움을 함께 살피고 풀어줄 내면의 준비가 되어 있나요?

✓ 지금 내가 서 있는 자리에서, 설계자처럼 흐름을 읽고 방향을 제시해본 적이 있나요?

✓ 이 시대가 원하는 어머니상, 내조자의 자리에서 나는 어떤 실력을 갖추고 있나요?

031

이 시대
아버지상과 여성 2

Q

오늘날 50대 이상 아버지들이 사회적 성공 뒤에도 가정에서 역할이 줄어 소외감과 회의감을 느낀다고 하는데, 진정한 아버지상은 무엇입니까?

여성은 양적인 일을 하는 게 아니라
지적인 일을 할 때 아름답다.
이를 여성 상위라 한다.

• Key Point

복지는 사회의 그늘을 세밀히 살피고, 사회적 아픔에 민감한 이들의 몫이다. 그 아픔은 여성에게 먼저 찾아오며, 이는 곧 그들이 해야 할 일이 있다는 신호이다. 여성은 양적인 노동보다 지적인 설계에 적합한 존재이며, 이러한 역할을 통해 진정한 '여성 상위'의 시대가 열린다. 지금은 여성이 복지의 방향을 잡고, 남성이 이를 뒷받침함으로써 사회 전체가 다음 단계로 도약해야 할 시점이다.

• In Short

복지 패러다임은 여성의 몫이다
복지는 사회의 그늘을 보듬는 영역으로, 여성들이 주도적으로 나서야 할 분야이다. 여성은 사회적 아픔에 민감하게 반응하는 존재로, 복지 시스템의 근본을 설계하고 방향을 잡을 책임이 있다.

여성의 설계가 2차 성장의 열쇠
여성이 복지문화의 기반을 설계하면, 남성은 이를 뒷받침함으로써 사회는 새로운 도약을 맞이할 수 있다. 이 과정은 1차 성장의 그늘을 정리하고, 2차 성장의 길을 여는 핵심 열쇠가 된다.

믿음과 배신의 교훈
여성 CEO들이 겪었던 '믿는 사람에게 당한다'는 결과는 사회와 사람을 몰라 생긴 값비싼 수업료이다. 이처럼 서로를 모르는 현재 구조를 자각해야 다음 길이 열릴 수 있다.

인류대민봉사, 대한민국의 사명
우리는 인류가 만들어온 지식과 문화를 온전히 흡수한 민족이다. 그 흐름을 바르게 정리하면 인류 전체의 구조가 보이고, 우리 문제를 먼저 풀면 인류의 문제도 함께 풀린다. 복지 패러다임을 완성하는 일은 곧 인류를 위한 대민봉사로 자연스럽게 이어진다.

장사꾼이 아닌 사업가로

현재의 중소기업은 본연의 역할보다 장사에 치우쳐 있다. 지식인과 엘리트들은 '장사치'가 된 중소기업을 '사업가'로 돌려세우는 인류대민봉사 프로젝트를 기획해야 한다. 제 할 일을 찾게 되면 기업과 국민 모두 숨통이 트인다. 이 과정을 통해 중소기업은 본래의 사명을 회복하고, 사회 전반의 구조 개편에도 기여하게 된다.

복지의 신패러다임과 기업의 성공시대

복지의 신패러다임과 기업의 성공시대, 이 두 축이 맞물리면 1차 성장의 잔재를 정리하고 자연스러운 2차 도약의 문이 열린다. 이 흐름 속에서 주택난, 교통난, 환경, 교육, 통일 문제가 연쇄적으로 풀리고, 실업자가 없는 사회가 된다.

정체성이 서야 세계가 본다

복지와 기업의 두 축이 제자리를 잡으면, 가정에는 새로운 아버지상과 어머니상이, 사회에는 남성상과 여성상이, 국제사회에는 민족상이 세워진다. 상이 정립되어야 정체성이 확립되고, 정체성이 있어야 사회의 역할도 분명해진다.

My Record (자유롭게 나의 생각과 깨달음을 기록해 보세요.)

✓ 지금 내가 아프게 느끼는 사회의 그늘은 어디인가요?
✓ 그 아픔을 바라보며 내가 해야 할 일은 무엇이라고 생각하나요?
✓ 나는 일상 속에서 지적인 역할을 하고 있나요?
✓ 지금 이 시대에 내가 세워야 할 '상像'은 무엇인가요?

Epilogue 에필로그 『대자연의 법을 기록하다』를 마치며

삶으로 증명하는 공부의 여정

『정법도록 제1권: 대자연의 법을 기록하다』와 함께한 31일의 공부 여정을 완주하신 당신께 감사와 존경을 전합니다.

한 강의 한 강의를 배우고, 그 안에서 스스로에게 솟아오른 질문과 깨달음을 기록해 온 시간은 단순한 독서가 아니라 삶의 방향을 바로 세우는 공부자의 여정이었습니다. 때로는 익숙한 생각을 내려놓는 용기가 필요했고, 때로는 자신을 깊이 들여다보는 성찰의 과정이었을 것입니다.

그 모든 경험은 대자연의 법을 배우고, 그 법을 삶 속에 새긴 성장의 기록으로 남았습니다. 당신이 직접 적어 내려간 이 노트는 이제 세상에 단 하나뿐인 『정법도록』입니다. 앞으로 삶의 흐름이 흔들릴 때마다 중심을 다시 세워 줄, 당신만의 나침반이 되어줄 것입니다.

정법강의란 무엇인가

정법은 하늘·땅·인간을 관통하는 대자연의 질서를 밝힌 삶의 원리이며, '인간은 어떻게 살아야 하는가'라는 근원적 질문에 단순하고 명료한 깨달음으로 답을 전하는 가르침입니다.

종교나 이념을 넘어, 삶의 문제를 원인-구조-해법으로 해명하는 지적 설계도이며, 개인이 깨어나고 사회가 바르게 설 수 있도록 안내하는 인류의 귀중한 지적 자산입니다.

이번 『정법도록 제1권』은 그 방대한 가르침 중 1강부터 31강까지의 핵심을 배우고, 묻고, 기록할 수 있도록 구성한 "공부자의 첫 길잡이"였습니다.

● 정법시대 ▶ YouTube 채널 바로가기

역설의 365 on-air 과 함께 이어지는 공부

공부는 책에서 끝나지 않습니다. 「역설의 365 on-air」를 통해 짧은 영상으로 가르침을 다시 만나는 순간, 그 배움은 일상의 실천으로 자연스럽게 이어지며 당신의 공부는 한층 더 깊어집니다.

지속적인 성찰과 기록은 당신을 더욱 지혜로운 삶의 주인으로 세워 줄 것입니다. 당신이 걷는 모든 길 위에 정법의 빛이 함께하기를, 그리고 법을 삶의 중심에 두고 살아가기를 진심으로 기원합니다.

● 역설의 365 on-air ▶ YouTube 채널 바로가기

당신의 공부를 완성하는 정법 지침서

『정법도록』으로 기록하고, 『역설의 가르침 365』로 확장하며
『스승, 길을 말하다』로 근본을 세우십시오.
당신의 바른 공부를 응원합니다.

「하루 한 장, 역설의 가르침 365」

365일, 매일 새로운 역설의 가르침을 통해
당신의 삶을 근본적으로 변화시키는 핵심
원리를 만날 수 있습니다.

「스승, 길을 말하다」

"그대는 누구인가?" 라는 근원적 물음에
인류 공영의 '홍익인간' 소명을 답하며,
개인의 성찰부터 지도자의 길까지 폭넓은
가르침 속에서 모든 깨달음이 '내 앞의 사
람'에게 있음을 역설합니다.

• Memo

• Memo

- Memo

정법도록 VOL 1, 대자연의 법을 기록하다.

초판인쇄 2025년 12월 3일
초판발행 2025년 12월 3일

지은이 천공
엮은이 정윤희, 길민정, 조성우
발행인 이해경
편집 길민정
펴낸곳 (주)문화앤피플뉴스
등록번호 제2024-000036호
주소 서울 중구 충무로2길 16, 4층 403호 (충무로4가, 동영빌딩)
대표전화 02)3295-3335
팩스 02)3295-3336
이메일 cnpnews@naver.com
홈페이지 www.cnpnews.co.kr

정가 15,000원
ISBN 979-11-94950-18-9 (03810)

※ 이 책 내용의 전부 또는 일부를 이용하려면 반드시 저작권자와
　도서출판 문화앤피플의 동의를 받아야 합니다.
※ 이 책의 국립중앙도서관 출판시 도서목록(CIP)은 서지정보유통지원시스템
　홈페이지(http://seoji.go.kr)와 국가자료공동목록시스템(http://www.go.kr/kolisnet)
　에서 이용하실 수 있습니다.
※ 이 책은 교보문고와 연계하여 전자책으로도 발간되었습니다.
※ 이 책은 국립중앙도서관 홈페이지에서 검색 가능합니다.
※ 잘못된 책은 구입처에서 교환해 드립니다.